Rügen

JASMUND
Sassnitz
OSTSEE
GRANITZ
Altensien
Ostseebad Sellin
Selliner See
Ostseebad Baabe
Philipshagen
Ostseebad Göhren
See
Alt Red-devitz
Middelhagen
Gager
Lobbe
Bakenberg
MÖNCHGUT
Ostseebad Thiessow
Thiessower Haken
N
0 km 10

Rügen

99 4802-7

Werner Scharnweber

Rügen

Reisebilder

Mit 135 Abbildungen

EDITION TEMMEN

Die Deutsche Bibliothek verzeichnet diese Publikation in der Deutschen Nationalbibliografie; detaillierte bibliografische Daten sind im Internet unter http://dnb.ddb.de abrufbar.

Alle Aufnahmen von Werner Scharnweber, wenn nicht anders vermerkt.

Umschlagbild:
Rügens imposante Kreideküste an der Stubnitz

Frontispiz:
Eisenbahnromantik pur: Rügens »Rasender Roland«

Hohenlohestr. 21 – 28209 Bremen
Tel. 0421-34843-0 – Fax 0421-348094
info@edition-temmen.de – www.edition-temmen.de

Karte: Edition Temmen
Herstellung: Edition Temmen

ISBN 978-3-8378-5008-6

Inhalt

Landkreis Rügen – aber ...

In vielen nachfolgenden Texten wird vom L a n d k r e i s Rügen berichtet. Das ist zutreffend. Jedenfalls noch heute, am 25. Januar 2011, dem Tag, an dem für dieses Buch das Manuskript abgeschlossen wurde. Abgeschlossen werden mußte, um ein rechtzeitiges Erscheinen des Buches zur Sommersaison 2011 zu gewährleisten.

Möglicherweise geht die sehr lange Tradition eines kommunalrechtlich eigenen Landkreises Rügen im September 2011 zu Ende. Der Landtag von Mecklenburg-Vorpommern hat eine große Kommunalreform beschlossen. Bisherige Kreise werden dann zu größeren Einheiten, zu Großkreisen, zusammengelegt. Auch Rügen soll in einem solchen Großkreis »aufgehen«. Zum puren Entsetzen der Bewohner der Insel. Die wollen ihren Landkreis Rügen behalten. Das ist über Partei- und alle anderen Grenzen hinweg übereinstimmende Meinung auf der Insel. Verständlich! Denn Rügen mit seiner Insellage ist doch schon geographisch eine Einheit für sich. Deshalb hat Rügen beim Landesverfassungsgericht Klage gegen den Beschluß des Landtages und der Landesregierung erhoben. Ausgang zur Zeit noch offen.

Auf Rügen hofft man inständig. Darauf, daß man ein eigener Landkreis bleiben darf. Wie es doch immer war. Schon seit der Zeit, als man zu Preußen gehörte.

Damm – Brücke – Fähre

Rügen ist eine Insel. Wer hinkommen will, muß über's Wasser. Genauer gesagt, über den Strelasund. Es gibt drei Möglichkeiten:

Erstens: Über den Rügendamm. Der wurde 1936 in Betrieb genommen, ist insgesamt 2,5 Kilometer lang, führt über die Insel Dänholm. Zwischen dem Festland, sprich Stralsund, und Dänholm überspannt eine Klappbrücke den sogenannten Ziegelgraben. Für den Schiffsverkehr wird die Klappbrücke zu bestimmten Zeiten geöffnet. Dann steht der Landverkehr still. Der eigentliche Strelasund wird mit einer 540 Meter langen Sundbrücke überquert.

Mit der Fähre von Stahlbrode (auf dem Festland) nach Glewitz auf Rügen

Zweitens: Über die Rügenbrücke. Das ab 1990 ständig wachsende Verkehrsaufkommen konnte der »alte« Rügendamm allein nicht mehr verkraften. Eine zusätzliche Strelasundquerung war dringend erforderlich. Im Oktober 2007 wurde die neue Rügenbrücke eröffnet. Es ist eine Nur-Straßenbrücke. Der Eisenbahnverkehr rollt weiter über den Rügendamm. Die meisten Gäste, die mit dem Auto anreisen, nutzen heute die neue Rügenbrücke. Nebenbei bemerkt: 83 % aller Rügen-Urlauber kommen per Auto.*)

Drittens: Mit der Fähre. Von April bis Anfang November pendeln die Fähren von Stahlbrode (rund 15 Kilometer östlich von Stralsund) nach Glewitz/Rügen auf der Halbinsel Zudar. Fahrzeuge bis fünf Tonnen Gewicht sind zugelassen. Die Fähranreise vermittelt am intensivsten das Gefühl: Es geht auf eine Insel.

*) Information im Rahmen der Pressekonferenz der Tourismuszentrale Rügen zur ITB (Internationale Tourismus-Börse) in Berlin 2009.

Ist Rügen geschrumpft?

Wie groß ist Rügen? In »Pierers Konversations-Lexikon«, siebente Auflage von 1892, steht es so: *»Rügen (...), ohne die großen Wasserflächen, 968 Quadratkilometer.«* Nach »Meyers Grosses Taschen-Lexikon in 24 Bänden«, Ausgabe 1983, ist Rügen 926 Quadratkilometer groß. Ja, wie das denn? Ist die Insel in der Zeit von 1892 bis 1983, also in 91 Jahren, um 42 Quadratkilometer geschrumpft? Ist sie nicht! Es kommt darauf an, ob man die Flächen nahe liegender Inseln mitrechnet oder nicht. Im »Rügener Heimatkalender«, Ausgabe 1994*), liest sich das in einer als amtlich bezeichneten Darstellung wie folgt: *»Rügen. Fläche 973,58 Quadratkilometer. Davon entfallen auf die Insel Rügen 930,6, Ummanz 19,7, Hiddensee 18,5, Pulitz 1,2, Vilm 0,9, Öhe 0,8, Fährinsel und Libitz je 0,4, Urkevitz 0,3. Heuwiese 0,2 und Liebes 0,1 Quadratkilometer sowie auf die Inseln Tollow, Mährens, Beuchel, Gänsewerder, Ruschbrink und Alt Rügen insgesamt 0,5 Quadratkilometer.«*

Sturmgepeitscht, weißschäumend erreicht die hochauflaufende See den Fuß der Steilküste - hier bei Klein Zicker. Küstenabbrüche sind dann nicht ausgeschlossen. Aber um 42 Quadratkilometer geschrumpft ist Rügen deshalb nicht

Demnach umfaßt die »eigentliche« Insel Rügen - ohne Insel Hiddensee, ohne Insel Ummanz und ohne diverse Kleininseln - 930 Quadratkilometer.

Die Tourismuszentrale Rügen GmbH erklärt in einem Presse-Info im Januar 2009: Insel Rügen ist, ohne benachbarte Inseln, 926 Quadratkilometer groß.

Ob nun 930 oder 926 Quadratkilometer - Rügen ist mit Abstand Deutschlands größte Insel. Zum Vergleich: Die Nordseeinsel Sylt bringt es nur auf 99, Borkum als größte ostfriesische Insel auf 32 Quadratkilometer.

*) Herausgeber: INSULA RUGIA e.V.

Rügen – im Wechsel der Geschichte

In Reiseprospekten steht es stets: Rügen ist die größte deutsche Ostseeinsel. Deutsch? Aber ja doch. Es sei denn, man betrachtet die Sache historisch.

Ortsnamen mit Endungen auf -itz und -ow ...

... stammen aus slawischer Zeit

Die Rügen-Bewohner der Stein- und Bronzezeit sind national nicht zuzuordnen. So etwa ab 500 v. Chr., noch in der Eisenzeit, waren dann Germanen auf Rügen seßhaft, vom Stamm der Rugier. In der Völkerwanderung, ungefähr im dritten oder/und vierten Jahrhundert, verließen diese die Insel. In die nun ziemlich siedlungsleeren Gebiete wanderten die slawischen Ranen ein. Sie blieben bis 1168 die Herrscher auf Rügen. Viele der heutigen Orts- und Flurnamen mit Endungen auf »-itz« und »-ow« stammen aus dieser Zeit.
1168 kamen die Dänen, besiegten die Slawen und stellten Rügen unter die Herrschaft der dänischen Könige.
Von 1325 bis 1637 hatten dann pommersche Herzöge hier das Sagen.
Der Dreißigjährige Krieg veränderte die europäische Landkarte der nationalen Herrschaftsbereiche erneut: Rügen wurde ab 1648 schwedisch. Das blieb so, bis nach den Napoleonischen Kriegen auf dem Wiener Kongreß Landschaften und Länder Europas neu verteilt wurden. Rügen gehörte ab 1815 zum Königreich Preußen. Preußen wurde 1871 Teil des damals neu proklamierten deutschen Kaiserreichs. Bei den zwar reichlich verschiedenen, aber immerhin stets deutschen Nachfolgern des wilhelminischen Kaiserreichs ist die Insel seither verblieben.

So stimmt es also doch: Rügen ist die größte deutsche Ostseeinsel.

Wo sie blieben, die Rugier aus Rügen

Ursprünglich siedelten die ostgermanischen Rugier auf Rügen und in weiteren Gebieten Pommerns an der Odermündung. In der Völkerwanderung zogen sie nach Süden, vermutlich spätestens im dritten oder vierten Jahrhundert. Denn im fünften Jahrhundert waren sie bereits an der mittleren Donau in Niederösterreich seßhaft. Odoaker, im weströmischen Kriegsdienst stehend und nach dem Putsch gegen Kaiser Romulus Augustulus Herrscher über Italien, zerstörte mit seinen Heerscharen 487 das Rugierreich in Österreich. Nach Angaben in älteren Nachschlagwerken*) soll Odoaker Sohn eines Rugierfürsten gewesen sein. Hat er sein eigenes Volk verraten, bekämpft, besiegt? Die besiegten Rugier zogen 489 mit den Ostgoten unter Theodorich nach Italien. Ostgoten und Rugier besiegten 493 Odoaker bei Ravenna. Er wurde noch im selben Jahr ermordet.

Vom weiteren Schicksal der Rugier wird speziell nichts berichtet. In Geschichtsbüchern steht es so: *»Die römische Bevölkerung blieb überall, sie beeinflußte die Germanen, Verschmelzung trat ein.«* Soll heißen, Römer und Germanen, Rugier einschließlich, »vermengelierten« sich.

Folglich ist nicht auszuschließen, daß der heutige Urlauber aus Rügen in bella Italia auf Einheimische trifft, die ein Quentchen Rugierblut in ihren Adern haben. Von Rugiern aus Rügen.

*) U.a. in »Pierers Konversations-Lexikon«, neunter Band, Ausgabe 1891. Und in »Meyers Kleines Konversations-Lexikon« in sieben Bänden, 1914.

Italiener um 1870. Mit einem Quentchen Rugierblut aus Rügen in den Adern? Aus: »Illustrirtes Konversations-Lexikon«, fünfter Band. Verlagsbuchhandlung Otto Spamer. 1876

Dünn besiedelt – aber ...

Der L a n d k r e i s Rügen (das ist: Rügen einschließlich Hiddensee, Ummanz und zugehörigen Kleininseln) zählte per März 2009 eine Bevölkerung von 68.580 Personen*). Das entspricht pro Quadratkilometer 70 Einwohnern. Rügen ist also sehr dünn besiedelt.

Den Eindruck ziemlicher Menschenleere wird auf der Insel aber niemand haben. Im Gegenteil. Dafür sorgen rund 1,4 Millionen Urlauber jährlich mit weit über sieben Millionen Übernachtungen.

*) Zahlenangaben mitgeteilt vom Landkreis Rügen.

Hier geht's zur Landrätin. Eingangsschild zur Kreisverwaltung in Bergen

Rügen – beschrieben 1822

»Rügen, preuss. Insel in der Ostsee (...). Etwa 17 Quadratmeilen gross mit 27.624 Einwohnern (...). Viele Naturschönheiten, fruchtbarer Boden. Produkte: viel Getreide, Rübsamen, Flachs und Kartoffeln, gute Waldungen und Viehzucht. Fischerey ein Hauptnahrungszweig in dem fischreichen Meere. (...) Hauptstadt Bergen.«

(Aus: »Allgemeines geographisches Wörterbuch« von J.G.A Galetti, Hofrath und Professor. Zweiter Band. Ausgabe von 1822)

Naturschönes Rügen, abseits lauter Straßen, im weiten Land, nördlich von Patzig. An einem Frühlingstag im April

574 Kilometer Küste

574 Kilometer, das entspricht ungefähr - Luftlinie gemessen - der Strecke von Bergen auf Rügen über Berlin und Leipzig bis Nürnberg. Also, von Nord nach Süd, fast einmal quer durch Deutschland.

Würde man die gesamten Küstenstrecken Rügens - ohne Hiddensee - aneinanderlegen, ergäbe es dieselbe Entfernung: 574 Kilometer.

Nicht nur die Küste Insel-rund, sondern vor allem auch die vielen Buchten, Halbinseln und die zugehörigen kleinen Inseln bescheren Rügen diesen enormen, abwechslungsreichen Küstenreichtum.

Blick von der Steilküste zwischen Wreechen (südlich von Putbus) und Neuendorf

Kraft Geburt

Die Insel heißt Rügen. Die Bewohner nennt man Rügener. Könnt' man meinen. Hier ist jedoch viel von den Rüganern die Rede.
Ein freundlicher Senior in Bergen erteilte sprach- und begriffskundliche Nachhilfe:
»Rügener sind jene, die hier ständig wohnen, egal woher sie stammen. Rüganer ist, wer auf Rügen geboren wurde. Egal, wie lange man danach auf der Insel gelebt hat. Egal auch, wo man wohnt. Ob auf Rügen, in Hamburg, München oder New York. Rüganer ist man kraft Geburt. Lebenslang.«

Amtlich ist diese Begriffssortierung nicht. Plausibel schon.

Ein Rüganer. Der Fischer klariert seine Netze

Die Mönche kamen, die Mönche gingen

Rügens südöstlichste Halbinsel heißt Mönchgut. Aus gutem Grund. Das kam so:

Nach ihrem Sieg bei Arkona im Jahr 1168 über die slawischen Ranen gaben die Dänen den – nunmehr christlich getauften – Slawenfürsten Rügen zum Lehen. Nach Jaromar I. und Wizlaw I. regierte später Jaromar II. als slawischer Rügenfürst. Der konnte offenbar mit dem dänischen Lehen ziemlich nach Belieben verfahren. Jedenfalls vergab er seinerseits einen Teil von Rügen, nämlich des »Land Reddevitz« (gehört zu Mönchgut), zum Lehen. An das Zisterzienserkloster Eldena bei Greifswald. Einige Quellen berichten, Jaromar II. habe das Ländchen den Mönchen schlicht geschenkt. Anno 1252 soll das gewesen sein. 1360 hat dann Abt Martin von Eldena auch den südlichen Teil der Region, die Halbinsel Zicker, gekauft. Seither wird die gesamte Halbinsel – zwischen den heutigen Orten Baabe und Thiessow, zwischen Göhren und Alt Reddevitz – Mönchgut genannt.

Im Zuge der Reformation wurde Kloster Eldena 1535 säkularisiert. Auch auf Mönchgut war die Zeit für die Mönche abgelaufen. Der landwirtschaftliche Besitz des Klosters Eldena auf Mönchgut wurde im Zuge der Säkularisierung zum Nulltarif zu einer herzoglichen Domäne. Und zwar für das Herzoghaus von Pommern-Wolgast, das – bedingt durch Erbverträge – inzwischen die Herrschaft über Rügen erlangt hatte.

Mönchgut – von den Eiszeiten modellierte, naturschöne Landschaft

Das Pfarrwitwenhaus von Groß Zicker

Für nennenswerte finanzielle Rücklagen reichte das Einkommen der Dorfpfarrer in früheren Zeiten zumeist nicht. Pfarrerswitwen hatten deshalb ein großes Problem: Wovon sollten sie leben? Witwenrenten waren noch unbekannt. Und die bisherige Wohnung (das Pastorat) mußten sie auch räumen – für den nachfolgenden Pastor.

Im Kirchdorf Groß Zicker fanden Pfarrerswitwen Wohnung im Pfarrwitwenhaus. Wie die noch heute übliche Bezeichnung des um 1720 entstandenen kleinen Gebäudes vermuten läßt. Nur aus Holz und Lehm gebaut, war es zugleich Wohnstätte, Stall und Scheune.

Das Pfarrwitwenhaus in Groß Zicker blieb erhalten, ist bestens gepflegt – ein »Hingucker«. Im traditionellen Bauerngarten davor blüht es blumenbunt.

Das Pfarrwitwenhaus von Groß Zicker

Prima Klima in Thiessow

Über das Rügener Klima wußte schon Johann Carl Friedrich Rellstab Positives zu berichten. In seinem Buch »Ausflucht nach der Insel Rügen durch Mecklenburg und Pommern«*) schrieb er im Jahr 1797:

»Das Clima (...) kann nicht anders als der Gesundheit sehr zuträglich seyn. Die häufigen Winde, im Früh- und Spätjahr Stürme, führen frische Seeluft herbey (...). Man kann nicht anders als heiter und guten Muths seyn.«

Prima Klima gibt es auch heute auf der Insel. Ganz besonders im gemütlichen Ostseebad Thiessow auf Mönchgut. Die Kurverwaltung informiert darüber im Gastgeberverzeichnis 2009/2010 wie folgt:

»Thiessow kann die geringsten Niederschläge an der gesamten Ostseeküste Mecklenburg-Vorpommerns verzeichnen. Die Luft in Thiessow gilt als die gesündeste von Rügen, weil fast ständig eine leicht salzhaltige Brise weht.«

Da kann man doch, um mit Rellstab zu sprechen, nur heiter und guten Mutes sein.

*) Neuerscheinung, 6. Auflage 2008, Edition Temmen.

Am Hafen von Thiessow. Ein kräftiger Wind hat die Wolken malerisch zerfleddert. Die frische Brise sorgt für »prima Klima«

THI 2
THI 4

Sturmtag

An der Küste bei Klein Zicker auf Mönchgut. Ein Sturmtag. Mit dramatisch dunklen Wolkenbänken. Und einer Ostsee, die sich mit Schaumkämmen von ihrer kraftvollen, nicht von der friedlich-freundlichen Seite zeigt.
Ein großes Naturschauspiel!

Immer ein Erlebnis – der Strandspaziergang bei Klein Zicker. Zu jeder Jahreszeit, bei jedem Wetter

Schutzgebiete

Auf Rügen gibt es den Nationalpark Jasmund, den Nationalpark Vorpommersche Boddenlandschaft, das Biosphärenreservat Südost-Rügen, vier Landschaftsschutzgebiete, 24 Naturschutzgebiete, drei EU-Vogelschutzgebiete und zwei FFH-Gebiete gemäß Flora-Fauna-Habitat-Richtlinie.

So viele, so verschiedene Schutzgebiete sind ein hervorragender Beitrag, um Rügens Natur- und Kulturlandschaft mit ihren Schönheiten intakt zu halten, um Tier- und Pflanzenwelt zu schützen. Was aber bedeutet das eigentlich: Nationalpark – Biosphärenreservat – Landschaftsschutzgebiet –

Schöne, geschützte Landschaft im Bereich der Zickerschen Berge auf Mönchgut

Schafe als Landschaftspfleger im Naturschutzgebiet. Wie hier bei Groß Zicker

Naturschutzgebiet? Oder auch: Was unterscheidet die eine Art Schutzgebiet von der anderen? Als präzise vorhandenes, stets präsentes Wissen darf das für den »Normaltouristen« nicht angenommen werden (für den Autor dieses Buches auch nicht). Zumal die Sache noch komplizierter ist. So ist zum Beispiel das Biosphärenreservat Südost-Rügen in drei verschiedene Zonen eingeteilt: Kernzone - Pflegezone - Entwicklungszone. Kernzonen und Entwicklungszonen sind im rechtlichen Status Naturschutzgebiete. Entwicklungszonen sind Landschaftsschutzgebiete. Aber es gibt natürlich auch Naturschutzgebiete und Landschaftsschutzgebiete, die nicht in einem Biosphärenreservat liegen.

Alles klar? Eher wohl nicht.

Aber keine Sorge. Auch ohne vollen Durchblick hinsichtlich der verschiedenen Schutzgebiete und deren Bestimmungen bleibt Rügen-Urlaub streßfrei. Es genügt, sich so zu verhalten, daß man der Natur keinen Schaden zufügt. In Schutzgebieten und auch sonst. Um dann die vielseitige Rügener Landschaft ganz einfach zu genießen.

Die »Unterirdischen« verließen Rügen

Einst lebten auf Rügen die »Unterirdischen«, oder, wie man hier auch sagt, die »Kleinen Leute«. An vielen Stellen sollen sie gehaust haben. Zum Beispiel im Bakenberg auf Wittow, auch im Bakenberg auf Mönchgut sowie im Dobberworth, dem bronzezeitlichen größten Hügelgrab der Insel, gleich südlich von Sargard. Die »Oberirdischen«, also die »normalen« Menschen, wußten natürlich, wo die »Kleinen Leute« ihr unterirdisches Zuhause hatten. Und auch, daß diese zu wahrhaft zauberhaften Taten in der Lage waren. Kontakt zwischen »Oberirdischen« und »Unterirdischen« gab es nur selten und rein zufällig. Mit unterschiedlichem Ausgang. Der eine oder andere Rüganer soll durch eine solche Bekanntschaft sogar reich geworden sein.

Aber dann hatten die »Kleinen Leute« irgendwie genug von den oberirdischen Inselbewohnern. Sie verließen – vor langer, langer Zeit – die Insel. Der Fährmann von Glewitz auf Zudar soll sie per Boot auf's pommersche Festland gebracht haben. So jedenfalls berichtet es – sagenhaft – Heinz Lehmann.*)

Ein Einwohner von Mönchgut erzählte hingegen dem Autor dieses Buches, viele »Unterirdische« seien noch viel länger auf der Insel gewesen. Ganz bestimmt. Erst im Laufe der vergangenen 20 Jahre seien auch die letzten ausgewandert. Die Unruhe, verursacht durch immer mehr Touristen, habe ihnen nicht gefallen. »Unterirdische« mögen es ruhig, still und ungestört. Der Mönchguter fügte augenzwinkernd hinzu: *»Die Touristen sind uns doch lieber als die »Unterirdischen«.* Warum wohl?

*) In seinem Buch »Rügen – Sagen und Geschichten«. Fotos Angelika Heim. Neuausgabe 2008 in der Edition Temmen.

Möchte die Dame auf dem Mönchguter Bakenberg die »Unterirdischen« besuchen?

Auch im 66,5 Meter hohen Bakenberg auf Mönchgut, nördlich von Groß Zicker, haben »Unterirdische« gewohnt

Der Fürst reiste im Salonwagen

Nach 1883 wurde Rügen an das preußische Eisenbahnnetz angeschlossen. Da es Rügendamm und Rügenbrücke noch nicht gab, mußten die Eisenbahnwagen vom Festland, von Stralsund, nach Altefähr über den Strelasund per Eisenbahnfähren übergesetzt werden. Bis zu acht Eisenbahnwagen konnten diese Trajektschiffe befördern. Von Altefähr rollte die Preußische Staatsbahn nach Bergen, später bis Saßnitz.

»So weit, so nicht wirklich gut«, befand Wilhelm Carl Gustav Malte, Fürst und Herr zu Putbus. Denn große Teile der Insel ließ die staatlich-preußische Bahn sozusagen »links liegen«, sie blieben ohne Bahnanschluß. Der Fürst wollte das ändern. Und mit ihm viele der auf Rügen in großer Anzahl ansässigen Gutsherren. Die Eisenbahn, am besten von Gut zu Gut, versprach ideale Transportmöglichkeiten für die landwirtschaftlichen Produkte und damit bessere Vermarktung. Zumal damals die Straßen und Wege in vielen Teilen der Insel alles andere als komfortabel waren.

Also wurde die Rügensche Kleinbahn AG gegründet. Hauptaktionär war - versteht sich - Fürst Malte. Der besaß auch einen eigenen Salonwagen, um standesgemäß zu seinem Jagdschloß in der Granitz zu gelangen. Auf 750-mm-Schmalspurweite dampfte, beginnend ab 1895, die Kleinbahn über die Insel. Zuerst auf der Strecke Putbus - Binz, die 1899 bis Göhren verlängert wurde. Hinzu kamen die Strecken Altefähr - Garz - Putbus und Bergen - Altenkirchen. Um nach Altenkirchen auf der Halbinsel Wittow zu kommen, querte die Kleinbahn den Breetzer Bodden auf einer Länge von 250 Metern per Fährschiffe. Insgesamt 97 Kilometer Kleinbahnstrecken gab es einst auf Rügen.

Nicht alle Gutsbesitzer begrüßten seinerzeit den Bau der Kleinbahn. Sie befürchteten, ihre Gutsar-

beitskräfte könnten diese moderne, schnelle Verkehrsmöglichkeit zur Landflucht benutzen. Diese Gutsobrigkeiten verweigerten die Streckenführung über ihre Ländereien. Deshalb mußten beim Streckenbau Umwege in Kauf genommen werden.

Der »Rasende Roland« kommt und macht mächtig Dampf

Der »Rasende Roland«

Zwischen Dezember 1967 und September 1971 wurden, mit einer Ausnahme, die Kleinbahnstrekken auf Rügen stillgelegt. Die Ausnahme: die Bäderstrecke Putbus - Binz - Sellin - Baabe - Göhren. Auch sie stand »auf der Kippe«, sollte spätestens 1976 den Betrieb einstellen und konnte erst in letzter Minute gerettet werden.

Und so fährt die historische Schmalspurbahn, als »Rasender Roland« bekannt, seit nunmehr 116 Jahren durch die reizvolle Landschaft im Südosten von Rügen. Während des gesamten Jahres gibt es täglich mehrere Abfahrten in beide Richtungen. Nicht nur die bekannten Ostseebäder werden bedient, sondern auch kleine Ortschaften und Bedarfshaltestellen. Wie Beuchow, Posewald, Seelvitz, Serams, Jagdschloß, Garftitz und Philippshagen. Für die 24 Kilometer lange Strekke benötigt der »Rasende Roland« eine Stunde und 16 Minuten. Es ist eine beschauliche Fahrt und Eisenbahnromantik pur.

»RBB« steht an den Wagen des Zuges. Das bedeutet: Rügener-Bäder-Bahn.
»Rasender Roland« ist nur der Name in Volkes Rede

Einladung zum Waldspaziergang

An Wald mangelt es auf Rügen wahrlich nicht. Rund 15.000 Hektar umfassen die Waldgebiete auf der Insel.*) Am bekanntesten sind die von vielen Wanderwegen erschlossenen großen Wälder der Granitz im Südosten und der Stubnitz auf Jasmund. Aber auch viele andere Forstgebiete laden ein zum Waldspaziergang, zur Walderkundung.

*) Angabe entnommen aus »Informationsbroschüre Landkreis Rügen«, Ausgabe 2010.

Erstes zartes Frühlingsgrün im Wald der Granitz

Jagdschloß Granitz

Das Jagdschloß Granitz gehört zum touristischen Pflichtprogramm. Jährlich wird es – so berichten Rügener Touristikkreise – von 200.000 Besuchern besichtigt. Das entspricht im rechnerischen Mittel 547 Besuchern pro Tag. Tatsächlich sind es zur Hauptsaison wohl deutlich mehr, in der übrigen Zeit entsprechend weniger. Fürst Wilhelm Malte I. zu Putbus ließ ab 1837 das Schloß errichten. Auf dem 107 Meter hohen sogenannten Tempelberg, inmitten des 1000 Hektar großen Waldgebietes der Granitz. Weil Wilhelm Malte Fürst war, ist die Bezeichnung Schloß korrekt. Sonst wäre es nur ein Herrenhaus.

Das zweigeschossige Jagdschloß Granitz ist ein markanter Bau, gebaut auf annähernd quadratischem Grundriß, flankiert von vier Ecktürmen, die von Zinnenkränzen bekrönt sind. Der kreisrunde, 38 Meter hohe Mittelturm wurde in dem ursprünglich freien Lichthof 1844 nachträglich aufgeführt. Wer die 154 Stufen seiner gußeisernen Wendeltreppe geschafft hat, wird oben mit einer großartigen Aussicht belohnt – jedenfalls bei klarer Sicht.

Architekturstilistisch wird Jagdschloß Granitz im äußeren Erscheinungsbild der Neugotik zugeordnet – sagen die einen. Es wurde im Stil der norditalienischen Renaissancekastelle errichtet – meinen andere. In der Tat erinnert das Schloß an ein Kastell, an eine »feste Burg«.

Heute wird das Schloß zum Teil als ganzjährig geöffnetes Museum genutzt. In den Kellerräumen versorgt die urige Gaststätte »Die alte Brennerei« müde gewordene Wanderer und Turmbesteiger mit Speise und Trank.

Das Jagdschloß in der Granitz

Blütenteppich

Im März und April rollt der Frühling überall in kleinen und großen Wäldern seinen Blütenteppich aus: Buschwindröschen in oft riesigen, den gesamten Waldboden bedeckenden Beständen, dicht an dicht.
Eine Pracht!
Eine Urlauberin begeistert: *»Rügen ist die Insel der Buschwindröschen.«*

Stimmt!

Am Steilufer-Wanderweg

Am Steilufer-Wanderweg zwischen Wreechen (südlich von Putbus) und Neuendorf. Küste und Strand sind naturbelassen.
Bilder statt Worte ...

An der Küste zwischen Wreechen und Neuendorf

Strandkorbparade

Ende April. Am Strand von Sellin, gleich neben der Seebrücke, haben die Strandkörbe Position bezogen. Die Gäste können kommen. Ein bißchen Ordnung muß ja sein. Deshalb stehen die Körbe - noch - in exakt ausgerichteten geraden Linien. Aufgestellt wie zur Strandkorbparade.

Strandkorbparade am Selliner Strand

SEEBRÜCKE

Selliner Brückengeschichte

Trockenen Fußes eine Strecke auf's Meer hinauszugehen ist stets ein besonderes maritimes Erlebnis. Seebrücken machen es möglich. Landungsstege für die Ausflugsschiffahrt sind sie außerdem. Zum Beispiel in Sellin.

Notiz im »Bäder-Almanach«, Ausgabe 1913: *»Sellin ist Dampfschiffstation mit fester, 1906 erbauter Seebrücke (kein Ausbooten erforderlich).«* In Griebens Reiseführer »Rügen«, Ausgabe 1920–1921, ist unter dem Stichwort Sellin zu lesen: *»Auf der neuen, 508,50 Meter langen Brükke, wo alle Schiffe anlegen, wird ein Brückengeld von 20 Pfennig erhoben.«*

1924 zerstörte Packeis die Brücke total. Der Neubau war 1927 vollendet. Wieder war es ein Eiswinter, der 1941/42 der Brücke erneut das Ende bereitete. Nur der Eingangsbereich mit dem Brükkenhaus blieb erhalten. Bis 1978. Dann wurde auch dieser Teil abgerissen, sehr zum Ärger der Selliner. Aber der Staat wollte es so.

Inzwischen ist die brückenlose Zeit in Sellin Geschichte. Im touristischen Info-Heft für das Ostseebad Sellin, Ausgabe 2009, wird mit Stolz berichtet: *»Seit 1998 steht die Seebrücke wieder - und zwar schöner als jemals zuvor. Ihre Architektur folgt dem historischen Vorbild von 1927. Viele Details sind mit Hilfe von alten Plänen und Ansichtskarten rekonstruiert worden (...).«*

Die Selliner Seebrücke führt fast 394 Meter auf die Ostsee hinaus.

Die Selliner Seebrücke

Bäderarchitektur

Weiß wirkt elegant, vornehm, nobel. Wohl deshalb ist Weiß das übereinstimmende Merkmal der berühmten, der »klassischen« Bäderarchitektur. Um 1900, in der (angeblich) »guten, alten Zeit«, waren sie »en vogue«, diese Bauten mit ihren offenen Veranden, Balkonen und Loggien, mit Türmchen, Erkern, Freitreppen und Schaugiebeln. Villen, Hotels und Logierhäuser im Stil der Bäderarchitektur wirken freundlich und heiter.

In den Ostseebädern der Insel, zum Beispiel in Binz, Göhren und Sellin, blieben Gebäude aus jener Zeit erhalten. Innen wurden sie auf heutigen Komfortstand modernisiert, außen stilvoll restauriert und renoviert. Diese weißen Häuser der Bäderarchitektur vermitteln romantisch-nostalgischen Charme. Ein wenig mondän sind sie auch. Mondän im Stil einer vergangenen Epoche – der Kaiserzeit.

Im Stil der Bäderarchitektur, gesehen in Sellin

Abrutschungen

Bis zu 40 Meter hoch ist in einigen Abschnitten die Steilküste bei Sellin. Extrem steil zeigt sie sich zum Teil nicht, sondern »nur« abschüssig geneigt. Ursache ist das Material der Steilküste. Es besteht aus geschichteten, feinen Sanden, in denen kleinere und größere Tonlager eingeschlossen sind. Als Moräne liegengelassen von den Eiszeiten. Dieser Küstenaufbau führt zu Abrutschungen. Wie zum Beispiel am Selliner Strand südlich der Seebrücke zu beobachten ist.

An der »Abrutsch«-Küste bei Sellin

Wenn der Sand ins Rutschen kommt

Am Küstenfuß: Reste abgerutschter Bäume

Göhren hat sich längst entschieden: Ostseebad

Über Göhren schreibt Jürgen Schulz*):
»Wandert man durch die Straßen des Ortes, so gewinnt man den Eindruck, dass sich Göhren bis heute nicht hat entschließen können, was es eigentlich sein will: Bauerndorf, Fischerdorf oder Ferienort.«

Inzwischen ist die Sache klar entschieden: Göhren lebt von den Touristen. Beleg dafür sind: Straßenweise feine, neue und neu hergerichtete Hotels, Pensionen und Ferienhäuser. Reichlich Restaurants und Cafés, viele mit gemütlich-stimmungsvollen Außenplätzen. Auf Urlauber »zugeschnittene« Läden, in denen es Dinge zu kaufen gibt, die eigentlich niemand wirklich benötigt, die aber Freude und Spaß machen. Frohgestimmte Gästescharen, die durch Straßen und über die Promenade an der See flanieren. Plus putzmunteres Badeleben am Strand.

Zwischen diesem modernen Ambiente des Ostseebades Göhren erinnern die kleinen, alten, rohrgedeckten**) Gebäude des Museumshofes (Strandstraße Nr. 4) und des Heimatmuseums (Strandstraße Nr. 1) an vergangene Zeiten. Damals, als Göhren Bauern- und Fischerdorf war.

Im Museumshof

So in etwa sahen die Häuser, Häuschen, Katen aus, als Göhren noch Bauern- und Fischerdorf war.

*) In »Rügen & Hiddensee. Ein illustriertes Reisehandbuch«. 4. Auflage 2005. Edition Temmen, Bremen.

**) Auf Rügen spricht man von Rohrdeckung (=Rohrdach) eines Hauses. In anderen Regionen, zum Beispiel in Schleswig-Holstein, von Reetdekkung (= Reetdach). Rohr und Reet: In der Wachstumsphase, bevor es geschnitten wird, ist es Schilf.

Gebäude des Heimatmuseums

Göhren – notiert 1913

»Die insulare Höhenlage, der breite Strand, die reichliche Bewaldung und hügelige Terrainbeschaffenheit sind die Faktoren, denen Göhren seine ausserordentliche Beliebtheit und stetig steigende Frequenz verdankt, und die ihm den Charakter eines klassischen Seebades verleihen. Kurmittel: Je ein grosses kaltes Damen- und Herrenbad und Familienbad. Die Warmbadeanstalt mit schönen, komfortablen Zellen, in denen ausser den warmen Seebädern auch medizinische Bäder verabfolgt werden. (...) Unterkunft und Verpflegung in 14 Hotels bester und einfacherer Art, mehreren guten Pensionen und zahlreichen (ca. 125) Logierhäusern. Zahlreiche Küchenwohnungen. (...) Göhren hat Wasserleitung und Kanalisation.«

(Aus: »Bäder-Almanach«, Ausgabe 1913)

So oder ähnlich sahen die offenen Balkone in Göhren auch schon anno 1913 aus

Nobles Hotel in Göhren. Mit Hausfassade à la Bäderarchitektur – wie damals

ALEXA
HOTEL

Seebad Binz – gestern und heute

Die erste bekannte urkundliche Erwähnung von Binz stammt aus dem Jahr 1318. Folglich ist Binz mindestens 693 Jahre alt. Damals hieß Binz noch Byntze und war ein Fischerdorf.

Im Jahr 2009 feierte Binz Jubiläum: Seit 125 Jahren, seit 1884, anerkanntes Seebad. Allerdings hatte sich bereits ab 1830 ein einfacher Badebetrieb im damaligen Fischerdorf entwickelt. Fürst Malte zu Putbus ließ erste Badehütten aufstellen. Das erste Hotel baute Kapitän Potenberg um 1876. Die »Sommerfrischler« der ersten Jahre erreichten Binz überwiegend per Schiff. In »Griebens Reisebücher«, Band 55 der Ausgabe von 1894, heißt es: *»Die Dampfer von Stettin und Swinemünde nach Saßnitz laufen in Binz an. Mit Greifswald täglich Dampfschiffverbindung.«* Ab 1895 konnten die Gäste dann auch die Schmalspurbahn (= »Rasender Roland«) zur Anreise nutzen. Die Anzahl der Gäste stieg. Der »Illustrierte Führer durch Bäder, Heilanstalten und Sommerfrischen«, Ausgabe 1907/08, meldet für Binz: *»Frequenz 1906: 20.000 Badegäste.«* Der »Bäder-Almanach«, Ausgabe 1913, berichtet: *»25.000 Badegäste, 18 % Ausländer.«* Im »Deutschen Bäderkalender«, Ausgabe um 1930, heißt es: *»Binz ist eines der größten und vornehmsten See- und Waldkurorte an der Ostsee.«*

Sommertag am Strand von Binz

Heute ist Binz das größte Vierjahreszeiten-Seebad auf Rügen. Ein kompletter Urlaubs-Kosmos, der keine Wünsche offenläßt. Mit über 13.000 Gästebetten und weit mehr als zwei Millionen Gäste-Übernachtungen jährlich. Die wichtigste touristische Trumpfkarte lieferte die Natur frei Haus: den 5,5 Kilometer langen, feinen, weißen, steinfreien Sandstrand.

Anzeige des Ostseebades Binz 1920/1921 aus »Griebens Reiseführer«, Band 12, »Rügen«, Kleine Ausgabe 1920–1921

Bäderpreise in Binz – anno 1920

In Griebens Reiseführer, Band 12, »Rügen«, Ausgabe 1920–1921, sind sie auf dem Ortsplan deutlich eingezeichnet: das Familienbad, das Damenbad und das Herrenbad. Jeweils mit Abstand. Dazwischen die »Prinz-Heinrich-Landungs-Brücke«. Diese Preise waren vor 90 Jahren zu zahlen:

»Im Damen- und Herrenbad: Ein Bad 6–9 und 4–6 Uhr: 30 Pfennig; 9–2 Uhr: 75 Pfennig. Kinder 30 Pfennig. Familienbad 6–9 und 4–6 Uhr: 45 Pfennig, 9–2 Uhr: 90 Pfennig, Kinder 30 und 40 Pfennig. Warmbad, zweckmäßig eingerichtet, ein Bad 1,60–2,40 Mark, je nach der Zeit. Badewäsche extra. Medizinische Bäder nach Tarif.«

Binzer Ortsplan aus dem Jahr 1920 mit den verschiedenen Bädern

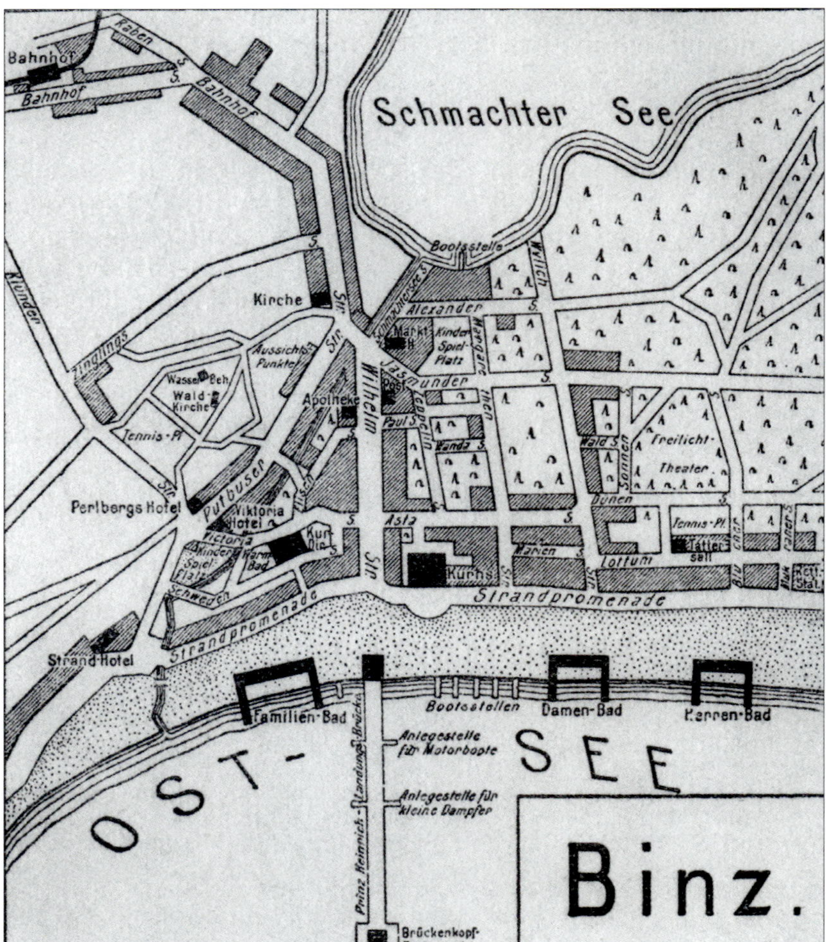

Gleich neben den Strandkorbstränden

47 Badestrände gibt es an Rügens Küsten. So ist es nachzulesen in der »Informationsbroschüre Landkreis Rügen«, Ausgabe 2010. Die meisten der feinsandigen Badestrände sind mehrere Kilometer lang. Daher bleibt trotz des hochsommerlichen touristischen Hochbetriebs noch ausreichend Platz für individuelles Strandleben. Jedenfalls gleich neben den Strandkorbabschnitten in den Bädern der Ostseeküste.

Rügener Strandleben - gleich neben den Strandkorbabschnitten

Badegast vor 100 Jahren

63.321 Badegäste zählte man im Jahr 1906 auf Rügen. Wie lebte es sich als Reisender, damals, vor rund 100 Jahren? Geschäftsanzeigen im »Heimats-Kalender für den Kreis Rügen«, Ausgabe 1908, vermitteln davon eine Ahnung. Besitzer Christian Malchin versprach für sein »Ostsee-Hotel« in Binz *»Gute Betten - Gute Küche - Mittag ohne Weinzwang - Elektrisches Licht in allen Fremdenzimmern - zivile Preise«*. Das Auto war noch nicht das übliche Verkehrsmittel. Folgerichtig offerierte das »Hotel zum Bahnhof« in Garz statt Garagen *»Geräumige, saubere Pferdeställe«*. Das »Hotel zum Goldenen Anker« in Bergen bot *»Stallung für 20 Pferde«*. Auf eine neu hergerichtete Frisur mußten die Damen der Badegastgesellschaft nicht verzichten. *»Coiffeur«* Ernst Friedrichs in Putbus annoncierte *»Amerikanische Kopfwäsche«*, bevor dann je nach Wunsch *»Gesellschafts-, Ball-, Kostüm- und Braut-Frisuren«* geschaffen wurden.

Zahnschmerzen waren vor 100 Jahren allerdings ein ernstes Problem. Auch wenn *»Zahnkünstler«* Max Brandt in Putbus in seinem *»Atelier für feinere Zahntechnik Plombierungen und Zahnziehen«* anbot. Im *»Zahn-Atelier«* von Wilhelm Steffenhagen in Bergen wurde ebenfalls *»Zahnziehen und Plombieren«* durchgeführt. Allerdings hatte der Zahn-Atelier-Betreiber im selben Haus (Marktstraße Nr. 5) auch seine *»Rasier- und Frisiersalons.«* Vielleicht nach dem Motto: Erst die neue Frisur, dann den Zahn ziehen.

Anzeigen aus dem »Heimats-Kalender für den Kreis Rügen«, Ausgabe 1908. Reprint 1993

Grüße aus der Steinzeit

Unsere Ur-Ur-Ur-Altvorderen aus der Steinzeit kannten sich aus: Hebelgesetz, Rollentechnik, die Möglichkeiten der schiefen Ebene wußten sie praktisch anzuwenden. Oder wie sonst sollten sie die bis zu 15 Tonnen schweren Findlingsblöcke transportiert, aufgerichtet, in Reihen aufgestellt und mit mächtigen steinernen Deckplatten versehen haben? Unendlich mühsam und zeitaufwendig muß es gewesen sein, ohne technisches Gerät diese Riesensteine zu bewegen. Oder kannten die Steinzeitmenschen vor rund 6000 Jahren Verfahren, von denen wir technikverwöhnten Menschen unserer Zeit keine Ahnung haben?

Und wer beherrschte - theoretisch und praktisch - die Baukunst, um die Großsteingräber zu errichten? War es das Wissen aller? Geleitet von einigen Experten, die Bescheid wußten? Und vielleicht deshalb hoch bezahlt oder besonders verehrt wurden? Wie lange wurde an einer solchen monumentalen Grabstätte gearbeitet? Wie viele Arbeitskräfte waren dafür tätig? Welcher Glaube, welche Furcht oder welche Hoffnung mag die Menschen der Vorzeit bewegt haben, die unendliche Mühe zum Bau der Dolmen auf sich zu nehmen? Und wer wurde in den steinernen Gräbern bestattet? Häuptlinge, Sippenchefs, edle Frauen?

Das alles wissen wir nicht. Wir werden es nie erfahren. Die Dolmen, diese großartigen Zeugen aus längst vergangener Zeit, bewahren ihre Geheimnisse.

Uns bleibt Staunen und Bewunderung über die Leistungen der Steinzeitmenschen.

Wie Wächter umgeben die Bäume das Großsteingrab aus der Jungsteinzeit bei Lancken-Granitz

Die Dolmen

Dolmen, auch Großsteingräber und Megalithgräber genannt, wurden aus Findlingsblöcken errichtet. Die Kammern sind zumeist bis zu fünf Meter lang, zwei Meter breit, 1,30 Meter hoch, einige auch deutlich größer. Die mächtigen Steine stehen in einer Doppelreihe als Paare gegenüber. Ein Findling bildet die Rückwand. Mehrere Blökke sind als Decksteine obenauf gelegt. Bei einigen Gräbern steht ein hochkant gestellter Findling (noch) vor dem Eingang - wie ein Wächter. Deshalb auch Wächterstein genannt. Die Dolmen stammen aus der Jungsteinzeit und sind um 6000 Jahre alt. Auf Rügen blieben 54 dieser beeindruckenden Großsteingräber erhalten.

Großsteingrab im Gräberfeld von Lancken-Granitz

Steinzeitmenschen kamen über's Meer

Die Großsteingräber auf Rügen stammen aus der Jungsteinzeit. War Rügen damals schon eine Insel? Wenn ja, dann müssen die Steinzeitmenschen doch per Boot oder Floß gekommen sein. Waren sie dazu befähigt?

Eine vor einigen Jahren vom Autor gestellte Anfrage beantwortete das Geographische Institut der Ernst-Moritz-Arndt-Universität Greifswald wie folgt:

»Ihre Anfrage, ob Rügen in der Jungsteinzeit (5000–3800 v.h.) eine Insel war, kann mit Ja und Nein beantwortet werden. Mit Ja, weil der Meeresspiegel im Zuge seines nacheiszeitlichen Anstiegs inzwischen ein Niveau von -1 m NN erreicht hatte und somit Strelasund und eine mögliche Verbindung nach Usedom bereits überflutet waren. Mit Nein, weil Rügen damals keine einzelne Insel, vielmehr ein Inselarchipel war, in dem Zentralrügen, Wittow und Jasmund die größten Flächen einnahmen. Sie wurden zusammen mit den Mönchguter Inselkernen erst später (etwa bis 3500 v.h.) durch den Aufbau der Nehrungen der Schaabe, der Schmalen und der Baaber Heide bzw. des Großen Strandes miteinander verbunden. Im übrigen waren nicht erst die Menschen der Jungsteinzeit imstande, Wasser zu überqueren, dies konnten sie schon früher (mesolithische) Lietzow-Kultur auf Rügen).«*

*) Mesolithikum = Mittelsteinzeit (Anm. Autor).

Steinzeitmenschen erreichten Rügen über's Meer

Feuersteinfelder

Auf der Schmalen Heide zwischen Prora und Neu-Mukran liegen die Feuersteinfelder. In ihrer Art sind sie einmalig in Europa. Auf einer Fläche von etwa 100 Metern Breite und zwei Kilometern Länge sind 14 Steinwälle aus grau-weißen Feuersteinen aufgeschichtet. Unter den Steinwällen liegt Seesand. Professor Hansjörg Küster schreibt zu den Feuersteinfeldern*): *»Das Land lag hier vor einigen Jahrtausenden etwas niedriger und wurde vom Meer überflutet. (...) Der Norden Rügens hat sich in den letzten Jahrtausenden gehoben.«* Es müssen kräftige Sturmfluten gewesen sein, die diese Steinwälle nach und nach auf den Strand geworfen haben. Heide, Trokkenrasen, Wacholder haben sich angesiedelt und bilden mit den Feuersteinen eine einzigartige Landschaft von herb-melancholischem Reiz. Die Feuersteinfelder der Schmalen Heide stehen unter Naturschutz.

*) In seinem Buch »Die Ostsee - Eine Natur- und Kulturgeschichte«, Ausgabe 2004; erschienen im Verlag C.H. Beck oHG, München.

In den Feuersteinfeldern auf der Schmalen Heide

Fürst Wilhelm Malte I. und seine Residenz

Ein Fürst, befand Fürst Wilhelm Malte I. zu Putbus (1783–1854), bedarf einer Residenz. Ab 1810 entstand »sein« Putbus, die einzigartige, klassizistische »weiße Stadt«. Klein, aber sehr fein. Mit dem berühmten kreisrunden »Circus«, umstellt von 15 weißen Stadthäusern und dem Pädagogium, in der Mitte der Obelisk. Mit Marstall, Theater und Orangerie.

Putbus, die weiße Stadt. Im Rund umstellen die Häuser den »Circus«

Putbus – notiert 1853

Das Gebäude Circus Nr. 14

»Puttbus, Marktflecken und Hauptort der gleichnamigen Standesherrschaft des Fürsten von Puttbus, mit einem fürstlichen Residenzschlosse nebst Park, einer besuchten Badeanstalt und einem Pädagogium für höhere Stände. Zu der Standesherrrschaft Puttbus gehören die Grafschaft Puttbus, die Herrschaft Spyker und überhaupt 31 Dörfer und 32 Höfe.«

(Aus: »Neueste Erdbeschreibung und Staatenkunde« von Dr. F.H. Ungewitter. Erster Band. 3. Auflage. 1853)

Das vormalige »Fürstliche Pädagogium« ist das größte Gebäude am »Circus«

Es stand einst ein Schloß ...

Das erste »Steinerne Haus« der Herren (und Damen) zu Putbus ist für das Jahr 1371 urkundlich belegt. Von tiefen Wallgräben umgeben, wird es vermutlich mehr wehrhafte Burg als vornehmer Herrensitz gewesen sein. Rund zwei Jahrhunderte später wird die Anlage zum Schloß umgebaut und erweitert. 1865 brannte das bis dahin mehrfach neugestaltete Gebäude ab. Ab 1872 ließ der Fürst zu Putbus das Schloß wiedererrichten. Im Stil der Gründerzeit, mit deutlichem Anteil Neobarock.

Im Zweiten Weltkrieg und in den Jahren danach hat das Schloß durch mangelnde Pflege und unsachgemäße Nutzung stark gelitten. Dennoch gab es um 1950 Pläne und erste Arbeiten zur Rettung, zur Restaurierung des Schlosses nach denkmalpflegerischen Gesichtspunkten. Die fürstliche Familie hatte nichts mehr zu sagen. Sie war 1945 komplett enteignet worden.

Das Schloß blieb nicht erhalten. Offenbar aus ideologischen Gründen wurden im Zeitraum 1959–1962 die Mauern abgetragen, zum Teil gesprengt.

Das Schloß zu Putbus nach einer alten Aufnahme. Davor die Schloßterrassen mit bewachsener Pergola. Im Vordergrund der Schwanenteich

Bildnachweis: Historische Sammlung W. Scharnweber

Margarete hinter dem Holunderbusch

Sabine Bock/Thomas Helms schreiben*):
»An Stelle des späteren Ortes Putbus befanden sich bereits um 1200 eine slawische Siedlung und eine Burgwallanlage mit festen Gebäuden als Sitz eines Edlen.«
Der Tourismus- und Gewerbeverein Putbus e.V. berichtet**) von der slawischen Fürstentochter Margarete de Podebuz, die vor gut 750 Jahren hier verheiratet wurde.
Der Name de Podebuz (heute Putbus) soll slawischen Ursprungs sein und so viel wie »hinter dem Holunderbusch« bedeuten.
Margarete de Podebuz ist also gleichbedeutend mit Margarete hinter dem Holunderbusch. De Podebuz klingt allerdings netter, erst recht für eine Fürstentochter.

Ein Glück, daß nachfolgende Adelige sich des slawischen Namens bedienten: de Podebuz, sprich Putbus. Man stelle sich die deutsche Namensform vor. Zum Beispiel Fürst Wilhelm Malte I. zu hinter dem Holunderbusch. Fürchterlich. Margarete de Podebuz, die slawische Fürstentochter, hat nachhaltig für den feineren Namen gesorgt. Für das Fürstenhaus und für die »weiße Stadt«: Putbus.

*) In »Schlösser und Herrenhäuser auf Rügen«. Edition Temmen, 2004.

**) In »Putbus-Rügen. Urlaub 2008«.

Das »klassische« Eingangsportal des 1820 eröffneten Theaters Putbus. Laut Infoheft Putbus 2010/2011 »lebendiges Bespieltheater mit jährlich 200 Veranstaltungen«. Ob in einer der Aufführungen auch Margarete de Podebuz Reverenz erwiesen wird?

Der Park zu Putbus

Großzügige, offene Rasenflächen - die schnurgerade prächtige Kastanienallee - verschlungene Pfade - dekorative Baumgruppen - solitär stehende Uralt-Bäume mit grandiosem Astwerk - der Schwanenteich: das zusammen ist der wunderbare Park zu Putbus.

Fürst Wilhelm Malte zu Putbus ließ den vormaligen Barockgarten ab 1810 zum Landschaftsgarten nach englischem Vorbild umgestalten.

Im Park zu Putbus:

Knorriger Stamm eines Baumveteranen

Riesenmammutbäume

Stimmungsvoll

Bizarres Astwerk

Der »doppelte Fürst«

Die Damen und Herren derer zu Putbus gehörten seit der Zeit um 1325 zu den führenden Adelsfamilien auf Rügen. Im Jahr 1807 erreichte der Aufstieg in der adeligen Stufenleiter seinen Höhepunkt: Graf Wilhelm Malte, erst 23 Jahre alt, wurde in den schwedischen Fürstenstand erhoben. Nunmehr: Fürst Wilhelm Malte I. zu Putbus. 1815 wechselte die Landesherrschaft von Schweden zu Preußen. Galt die schwedische Fürstenerhebung von Malte auch weiterhin? Rechtlich und hinsichtlich des Ansehens in hochadeligen preußischen Kreisen? Das Königreich Preußen sorgte für Klarheit und erhob 1817 Wilhelm Malte auch in den preußischen Fürstenstand. Er war nun »doppelter Fürst«, schwedisch und preußisch. Eine Besonderheit. Und auch ein Kuriosum der Geschichte.

Vier Relieftafeln am Denkmal zeigen Stationen aus dem Leben des Fürsten. Bild: Verleihung der Fürstenwürde am 25. Mai 1807 durch den schwedischen König Gustav IV. Adolf

Marmordenkmal des Fürsten Malte I zu Putbus im Park. 1859 aufgestellt, fünf Jahre nach seinem Tode. Im Sockel steht diese Inschrift: »Aus Liebe und Verehrung gewidmet von Louise Fuerstin zu Putbus«

AUS LIEBE UND
GEWIDMET
VON LOUISE,
ZU PUTBUS.

Die Orangerie

Über Zweck und Funktion einer Orangerie wußte schon im Jahr 1767 Johann Theodor Jablonskie in seinem »Allgemeinen Lexicon der Künste und Wissenschaften« zu berichten. Und zwar wie folgt:

»Orangerie (...), ein Gebäude in einem Garten, worinnen die ausländischen Gewächse, welche die Kälte nicht vertragen können, auf den Winter eingestellt, und vor dem Frost bewahret werden. Ein solches Gebäude wird lang und nicht gar breit angelegt, mit der einen Seite gegen Mittag gerichtet, und mit hohen weiten Fenstern versehen, die im angehenden Frühlinge geöffnet werden mögen, die frische Luft und warme Sonne hinein zu lassen; im rauhen Winter aber mit bretternen Laden und Schirmen dergestalt können versetzet werden, daß nur das nöthige Licht dadurchfalle, Wind und Kälte aber aufs beste ausgeschlossen bleiben.«

Zu ergänzen ist: Die Bezeichnung Orangerie leitet sich ab von in Kübeln gehaltenen Orangenbäumchen, die im Winter in die Orangerie eingestellt wurden. Vielfach dienten Orangerien auch der Akklimatisierung exotischer Gehölze.

Fürst Wilhelm Malte zu Putbus ließ 1816–1818 am Rande des Schloßparks seine Orangerie errichten, die 1853 umgestaltet wurde. Wahrlich keine Schlichtausgabe, sondern ein repräsentatives Gebäude. Der kleinen Residenz zu Putbus würdig. Vorzeigbar auch für hohe und höchste Gäste. Auf dem Postament vor der Orangerie zur Parkseite steht die Skulptur eines »sterbenden Galliers«. Es ist eine Kopie. Das Original befindet sich in einem römischen Museum. Fürst Wilhelm Malte war – nach langer Reise in den Jahren 1810/1811 ins »Land, wo die Zitronen blüh'n« – bekennender Italienfreund. Uns Heutigen scheint, das Bildnis von Flora, der römischen Göttin der Blüte und des Frühlings, wäre vor der Orangerie irgendwie passender.

In der ursprünglichen Zweckbestimmung hat die Orangerie zu Putbus ausgedient. Sie wird insbesondere als Galerie zur Präsentation zeitgenössischer Kunst genutzt.

Der »sterbende Gallier« vor der Orangerie

Die Orangerie

Die Kirche zu Vilmnitz

Vilmnitz, das kleine, malerische Kirchdorf, nur wenige Kilometer östlich von Putbus gelegen, ist mindestens 762 Jahre alt. Denn die erste bekannte Urkunde mit Nennung des Ortsnamens datiert auf das Jahr 1249.

Um die Zeit ist auch mit dem Bau der Kirche begonnen worden. Ältester erhaltener Teil des Gotteshauses ist der Chor, der Mitte des 13. Jahrhunderts erbaut wurde.

Bekannt ist die für ein kleines Dorf überraschend große Kirche als Begräbnisstätte der Herren, Grafen und später der Fürsten des Hauses Putbus. Bis 1867 wurden jahrhundertelang verstorbene Angehörige der Familie zu Putbus in der Gruft unter dem Altarraum in zum Teil prunkvoll verzierten Särgen beigesetzt. Auch der 2004 verstorbene Franz-Wilhelm Fürst zu Putbus fand seine letzte Ruhestätte in Vilmnitz. Wie der Grabstein auf dem alten Friedhof direkt neben der Kirche erkennen läßt.

Im Innern der vielbesuchten St. Maria Magdalena Kirche gehören der 1603 aus Sandstein gefertigte Hochaltar, die sechseckige Holzkanzel von 1708 sowie kunstvolle, große Epithaphien im Stil der Spätrenaissance zu den wertvollsten Ausstattungsstücken.

Die Kirche zu Vilmnitz

Details aus Jahrhunderten an der Kirche zu Vilmnitz

Rügen maritim

Rundherum die Ostsee. Mitsamt der bizarr gegliederten, an deutschen Küsten in dieser Form einmaligen Welt der Buchten, Bodden und Wieken. Derart von der Natur ausgestattet, ist Rügen auch die perfekte Einladung für Wassersport jeder Art. Segler schwärmen von einem »einzigartigen Revier«. Sportboothäfen gibt es an allen Inselküsten. Wer nicht segelt, nicht surft, nicht mit dem Motorboot oder dem Kajak auf Seetour geht, freut sich an Land an Bildern der Sorte »Rügen maritim«.

Blaues Meer, weiße Segel – auch für »Sehleute« an Land stets ein schönes Bild

Im Yachthafen von Lauterbach

Motiv im Hafen Lauterbach

Alleen gehören zum Landschaftsbild

Auf Rügen blieben viele Straßenalleen erhalten. Auf langen Strecken mit schönem, altem Baumbestand. Alleen sind ein Charakteristikum der Insel. Sie gehören zum Rügen-typischen Landschaftsbild.

Besonders breit sind manche Alleestraßen nicht. Weil sie angelegt, weil die Bäume gepflanzt wurden zu einer Zeit, als vom heutigen Verkehrsaufkommen noch niemand etwas ahnte. Auto- und Motorradfahrer sind gut beraten, wenn sie auf defensiven Fahrstil schalten.

Kastanienallee zwischen Putbus und Wreechen

Am See

Rundherum Ostsee ohne Ende. Ergänzt um die Spezialgebiete der Bodden und Wieken. Damit nicht genug. Das Gewässerangebot Rügens beinhaltet auch noch die Seen.
Seen zweierlei Art. Einerseits »richtige« Binnenseen. Wie zum Beispiel der Garzer See, gleich südlich von Garz. Und der Nonnensee, nördlich von Bergen. Andererseits Seen, die zwar See heißen, auch so aussehen, die aber doch noch eine schmale Verbindung zum Meer haben. Seen also, die vor Zeiten Meeresbuchten waren. Beispiele, sämtlich an der Südküste: Wreecher See, Neuensiener See, Selliner See.
Seen dieser und jener Art. Sie sind stimmungsvolle »Extras« im vielfältigen Landschaftsbild der Insel.

Morgenstimmung am Wreecher See, südlich von Putbus

Was wäre Rügen ohne Eiszeiten?

Mal angenommen, die beiden letzten Eiszeiten hätten nicht stattgefunden. Dann hätten keine mächtigen Gletscher skandinavischen Gebirgsschutt über Rügen verteilt. Es gäbe keine tonnenschweren Findlinge, keine Felssteine von groß bis klein, keinen Geschiebemergel. Das Fehlen dieser Eiszeit-Hinterlassenschaften hätte Folgen gehabt. Vier Beispiele:

Unsere steinzeitlichen Uralt-Vorfahren hätten keine Großsteingräber, keine Dolmen, errichten können. Mangels Baumaterials.

Die imposante Dorfkirche von Bobbin, die einzige erhaltene Felssteinkirche auf Rügen, hätte um 1400 ohne Felssteine gebaut werden müssen.

Fürst Wilhelm Malte I. hätte 1837 sein Jagdschloß in der Granitz nicht auf solidem Findlingsfundament gründen können.

Ohne Eiszeiten könnte heute auch niemand den 66,5 Meter hohen Bakenberg in den Zickerschen Bergen auf Mönchgut ersteigen. Weil es die Zickerschen Berge, diese von Eiszeiten aufgewölbte Endmoräne, gar nicht gäbe.

Kurzum: Ohne Eiszeiten - die letzte ging in dieser Region vor rund 12.000 Jahren zu Ende - sähe Rügen in weiten Teilen wesentlich anders aus.

Die Kreide war allerdings schon lange vorhanden, als die frostigen Massen der letzten Eiszeit »des Weges kamen«. Mächtige Gletscher kollidierten mit Kreidefelsen, die dadurch gestaucht und in andere Stellungen verschoben wurden.

Einige der Felssteinmauern der Bobbiner Kirche mußten in Laufe der Zeit ausgebessert werden - mit Ziegelsteinen

Die Kirche von Bobbin – auf dem höchsten Punkt in der Landschaft

Ein Reichsadmiral auf Schloß Spyker

Im 14. Jahrhundert gehörte der Hof Spyker der Stralsunder Familie von Culpen (Külpen). Im Erbwege folgte, um 1435 soll's gewesen sein, die Familie von Jasmund. Sie war es, die in über 200 Jahren den Besitz zur Herrschaft Spyker erweiterte. Schlußendlich gehörten 40 Güter dazu.

1649 starb die Familie von Jasmund aus. Dass Rügen seit 1648 zu Schweden gehörte, fiel die Herrschaft Spyker an die schwedische Krone. Königin Christine reichte Spyker als erbliches Lehen 1649 weiter an ihren Feldherrn Carl Gustav Graf von Wrangel. Der ließ das aus der Zeit der Familie von Jasmund vorhandene Herrenhaus (zumeist Schloß genannt) erheblich umbauen. Unter anderem wurden zwei weitere Ecktürme angefügt. Wrangel lebte bis zu seinem Tod im Jahr 1676 auf Spyker. Allerdings wird er vermutlich auch auf »Dienstreisen« gegangen sein. Denn der Mann war, dank vieler Ämter und Würden, sehr beschäftigt. Er war zum Beispiel seit 1655 Generalgouverneur von Schwedisch-Pommern, seit 1657 Reichsadmiral, seit 1664 Reichsfeldherr. Außerdem gehörte er von 1660 bis 1672 zu der aus mehreren Personen bestehenden Vormundschaft des minderjährigen schwedischen Königs Karl XI.

Nach seinem Tod erbten nacheinander seine Töchter die Herrschaft Spyker. Zuerst die jüngste Tochter Hedwig Eleonore, verheiratet mit Ernst Ludwig II. zu Putbus. Nach deren Ableben erbte die älteste Tochter, die mit dem schwedischen Grafen Niels von Brahe verheiratet war.

1815 war die Schwedenzeit auf Rügen vorbei, die Preußen hatten das Sagen. Familie von Brahe verkaufte daraufhin ihr Anwesen Spyker. An wen? An Fürst Malte zu Putbus. Man hätte sich's denken können.

Bis zur Enteignung 1945 blieb Spyker Eigentum der fürstlichen Familie zu Putbus. Heute ist Schloß Spyker Hotel und Restaurant.

Die Sache mit Störtebeker

Ruschvitz ist eine kleine Gutssiedlung auf Jasmund, knapp östlich von Glowe, dicht an der Küste. Heimattreue Rüganer sind überzeugt, hier in Ruschwitz wurde Klaus Störtebeker geboren. Natürlich noch nicht unter dem Namen Störtebeker. Den erhielt er erst später. Sein richtiger Geburtsname ist in den Tiefen der Geschichte verlorengegangen. Auch sein Geburtsjahr. Aber so um Dreizehnhundert-und-irgendwann muß das gewesen sein. Was sich aus der Tatsache ergibt, daß Störtebeker im Jahr 1401 in Hamburg geköpft wurde.

Ein Ruschvitzer Bauernsohn soll er gewesen sein, der Störtebeker. Irgendwie gab's im Heimatdorf mächtig Zoff. Störtebeker suchte das Weite, schnappte sich am Strand ein Boot und ruderte Richtung Arkona. Dort lag das Seeräuberschiff unter dem Kommando von Gödecke Michel. Störtebeker enterte an Bord. Ein Hufeisen per Hand auseinanderzubiegen, war eine von mehreren, leicht bestandenen Kraftproben. Sodann leerte er in einem Zug einen mächtigen Humpen. Oder gleich mehrere. Daher sein nunmehriger Name: Störtebeker = stürzt den Becher. Und also begann seine Seeräuberlaufbahn. Anfangs in der Ostsee, später in der Nordsee. Bis zum bitteren Ende in Hamburg. Wie gesagt, anno 1401.

Für Rüganer ist Störtebeker auch gar nicht ein schlimmer Geselle gewesen. Seine Beutezüge sollen sich gegen die Reichen gerichtet haben. Die Armen unterstützte er. Störtebeker - so eine Art »Robin Hood der See«?

Die Rüganer von heute nutzen »ihren« Störtebeker nach Kräften, wirtschaftlich, kulturell, touristisch. Die alljährlichen »Störtebeker-Festspiele« in den Monaten Juni bis Anfang September auf der großartigen Naturbühne von Ralswiek gehören zu den größten und erfolgreichsten Open-air-Spektakeln Deutschlands. Störtebeker-Bier ist gleich in vier Sorten im Angebot. Unter der Zusatzbezeichnung »Das Bier der Gerechten«. Da haben wir's wieder: Gerecht waren sie, der Störtebeker und seine Kumpane.

Bleibt nachzutragen: Die meisten Gebäude der vormaligen Gutsanlage Ruschwitz zeigen sich heute (Stand Mai 2010) in einem Zustand des Verfalls. Ein Hinweisschild auf den (angeblichen) Geburtsort Störtebekers sucht der Besucher hier vergebens.

Störtebeker-Bier - das »Bier der Gerechten«

Die Kreide – wie sie entstand

Rügens Kreideküste an der Stubnitz. Natur der besonderen Art, in vollendeter Schönheit. Das Weiß der hoch aufragenden Kreidefelsen, oben das Grün des Waldes, davor das Blau der Ostsee. Faszinierend, wie es dazu kam. Nämlich durch Ablagerungen in Jahrmillionen in einem Urmeer. Professor Dr. rer. nat. Martin Meschede von der Ernst-Moritz-Arndt-Universität Greifswald schrieb dazu*):

»Die Ablagerungen sind im Wesentlichen aus den Resten der sogenannten Coccolithen, das sind winzig kleine Schalenreste von Kalkalgen (Größenordnung der einzelnen Partikel: 2ym = 2/1000 Millimeter), aufgebaut. Sie bewirken die Feinkörnigkeit der Kalke. In diesen Schlämmen finden sich häufig die typischen Fossilien der Kreide (Seeigel, Belemniten u.a.).«

*) Antwortschreiben vom 15. Januar 2009 auf Anfrage des Autors.

Autor und Verlag bedanken sich bei Herrn Prof. Dr. Meschede sehr herzlich für umfangreiche Auskünfte und viele ergänzende Hinweise.

Rügens imposante Kreideküste an der Stubnitz

Rügener Kreide – seit 67 Millionen Jahren

Erdgeschichtlich wird nach Jahrmillionen gerechnet, nach vielen Jahrmillionen. Für den Menschen mit seiner Kurzlebenszeit eigentlich unvorstellbar. Die Kreide bildet in der wissenschaftlich aufgestellten Gliederung der Erdgeschichte einen Abschnitt. Der hat vor rund 142 Millionen Jahren begonnen und dauerte bis zum Beginn des Tertiär. Das war vor etwa 67 Millionen Jahren. 142 minus 67 gleich 75. Folglich umfaßt das Kreidezeitalter 75 Millionen Jahre. Damals entstand als Meeresablagerung die Kreide, die diesem Abschnitt der Erdgeschichte den Namen gab. Aber Kreide ist nicht gleich Kreide. In 75 Millionen Jahren wurden – salopp gesagt – von der Natur unterschiedliche Arten »produziert«. Die Rügener Kreide, ein ziemlich weiches Kalkgestein, gehört zur Sorte Schreibkreide. Diese Bezeichnung wurde gewählt, weil man damit insbesondere auf Schiefertafeln geschrieben hat. Diese Schreibkreide ist am Ende der Kreidezeit entstanden, also ungefähr vor 67 Millionen Jahren.

Die Kreide von Rügen – ungefähr 67 Millionen Jahre alt

Kreide – angehoben, zusammengestaucht

In Millionen Jahren ist die Kreide in einem Urmeer entstanden. Man fragt sich, wie kamen die Kreideablagerungen vom Meeresgrund an die Oberfläche, zum Beispiel auf Jasmund?

Professor Dr. rer. nat. Martin Meschede von der Ernst-Moritz-Arndt-Universität Greifswald antwortete auf die Frage des Autors wie folgt*):

»Wir gehen davon aus, daß die Kreide-Ablagerungen von Rügen durch ein im Untergrund befindliches ›Salzkissen‹ seitlich angehoben wurden und vermutlich auch noch werden. Die Struktur, so wie wir sie heute sehen, ist aber durch die eiszeitlichen Gletscher stark überprägt worden, indem die Kreide-Ablagerungen zu sogenannten Stauchkomplexen zusammen und zum Teil übereinander geschoben wurden (...). In diesen Stauchkomplexen liegen Ablagerungen aus der Eiszeit zum Teil unter der Kreide und so etwas kann in diesem Fall nur durch Stauchungen erklärt werden.«

*) Antwortschreiben vom 15. Januar 2009.

Rügens Kreide – angehoben, zusammengestaucht

So mächtig ist Rügens Kreide

Wie mächtig ist Rügens Kreide? Nachgefragt bei der Ernst-Moritz-Arndt-Universität Greifswald. Professor Dr. rer. nat. Martin Meschede antwortete*):

»Die Mächtigkeit der Rügener Kreideablagerungen schwanken in der Oberkreide zwischen 400 und 600 Meter (...), und noch einmal etwa die gleichen Mächtigkeiten für die Unterkreide. Die Schreibkreide-Formation (aus der die weißen Felsen auf Jasmund bestehen) umfaßt davon etwa die obersten 90 bis 100 Meter«.

*) Antwortschreiben vom 15. Januar 2009.

So mächtig sind die Kreidefelsen. Die beiden Spaziergänger am Ufer wirken dagegen geradezu winzig

Kreideküste – immer frisch, immer weiß

Rügens Kreideküste ist weitgehend ungeschützt. Sie »lebt«. So kommt es immer einmal wieder zu meist kleineren, manchmal größeren, selten zu starken, dramatischen Abbrüchen. Die Brandung »nagt« am Küstenfuß besonders bei hochauflaufender See in Stürmen aus Ost. Aber auch Regen, Frost und austrocknende heiße Sommersonne verursachen Abträge.
So wandert die Küstenlinie landeinwärts. Im Durchschnitt sind es nur ein paar Zentimeter pro Jahr. Aber jedes Jahr. Immer. Mit der unendlichen Ausdauer der Natur. Durch die natürlichen Abstürze, Abträge und Abwaschungen bleibt die Kreideküste immer frisch, immer weiß.

Kreideküste – stets frisch

Kreideabbau

Die Kreidesteilufer schenkte die Natur den Rüganern kostenfrei. Zur gefälligen touristischen Nutzung als großartige, in Deutschland einmalige Sehenswürdigkeit.

Weil die Kreidelagerstätten mächtig und ergiebig sind, wird Kreide auch abgebaut. Selbstverständlich werden dazu nicht die Steilufer »angeknabbert«. Das wäre eine Art touristischer Selbstmord. Die Kreidewerk Rügen GmbH*) auf Jasmund betreibt Rohkreidegewinnung im Tagebau. In einer Firmenanzeige**) heißt es unter dem Stichwort »Sortimente«:
- *Original Rügener Dreikronen-Heilkreide*
- *Filterkuchen*
- *Feinkreide/Grobkreide*
- *Düngekalk*
- *Flintsteine/Findlinge*

*) Kreidewerk Rügen GmbH
18546 Sassnitz, Ortsteil Klementelvitz.
Telefon: 038392-3110.

**) Veröffentlicht in der »Informationsbroschüre Landkreis Rügen«, in der Auflage von 2010.

Die Einsatzbereiche der Kreide werden wie folgt beschrieben:

- *Physiotherapie und Wellness*
- *Rauchgasentschwefelung/Umwelt*
- *Füllstoffe für industrielle Einsatzgebiete*
- *Calciumdünger und pH-Wert-Regulierung*
- *Futtermittel/Einstreu für die Landwirtschaft*
- *Füller im Straßenbau*
- *Wegebefestigung/Flächengestaltung*
- *Zement- und lehmgebundene Putze*

Firmenschild vor dem Eingang zum Betriebsgelände

Abgebaute, lose Kreide »auf Halde« vor dem Betriebsgelände des Kreidewerks

Frühlingsgruß in Dottergelb

Von der B 96 abgefahren nach Klementelvitz. Vor dem Werktor der Kreidewerk Rügen GmbH endet die öffentliche Straße. Kein Problem, ein touristischer Treffpunkt ist das hier ohnehin nicht. Aber doch, nach links geht ein Weg. Die Landkarte sagt, er führt nach Quatzendorf. Rechts am Wege befinden sich - laut Landkarte - das Grüne Meer und das Blaue Meer. Abgesperrt durch Gitter. »Betreten verboten« steht auf Hinweisschildern. Schade, aber verständlich. Dieses Gebiet aufgelassener Kreideabbaugruben ist für unerfahrene Unbefugte gefährlich. Dann eben nach links geschaut. Ein schmales, tief eingeschnittenes, am Grunde feuchtes Tal. Und dort blühen - es ist Anfang Mai - Sumpfdotterblumen. Ein schöner Frühlingsgruß in Dottergelb, inmitten der Kreidegegend.

Sumpfdotterblumen blühen in der Kreidegegend

Kreide – für Gesundheit und Wohlbefinden

Schon unsere Altvorderen wußten die Kreide medizinisch zu nutzen. Johann Theodor Jablonskie schrieb in seinem »Allgemeinen Lexicon der Künste und Wissenschaften« in der Ausgabe von 1767:
»*Kreide. In der Arzeney brauchet man sie für den Sod. Aeußerlich dinet sie wider die Rose und andere Entzündungen. Sie kühlet und trocknet faule, fließende Schäden.*«
Irgendwann, irgendwie ist die Kreide als Heil- und Wohlfühlmittel dann ziemlich in Vergessenheit geraten. Bis man sich in unserem Wellness-Zeitalter auf die Wirkungen der Kreide besann. Zitat aus dem Rügen-Katalog, Ausgabe 2008: »*Die Rügener Kreide wurde als vielseitiges Heilmittel in den 1990er Jahren wiederentdeckt.*« Im Info-Katalog Göhren, Ausgabe 2009, liest sich das so: »*Eine Göhrener Besonderheit ist die Rügener Heilkreide. Das ›Weiße Gold‹ reinigt die Haut, fördert Durchblutung und Stoffwechsel, entschlackt und stärkt den Körper. Es macht wunderbar weiche Haut und lindert Schmerzen. Dieses Verfahren hat sich sowohl für das allgemeine Wohlbefinden bewährt als auch für die Linderung von Hautbeschwerden und Rheuma.*«
Folglich gehören Heilkreide-Anwendungen in zahlreichen Rügener Einrichtungen für Gesundheit und Wellness zum Angebot. Getreu dem Motto: »*Mit der Kreideanwendung erleben Sie Rügen hautnah!*« Für den Hausgebrauch wird Rügener Heilkreide selbstverständlich auch verkauft, handlich abgepackt.

Rügener Heilkreide in der 500-Gramm-Packung. Daneben Rügener Dreikronen Kreide-Mineralhandcreme

Kreide gegen saures Bier – anno 1780

»Kreide ist eine feine, zarte Erde. (...) Sie muß nicht steinicht, sondern ganz zarte seyn. Die kleinsten Theilchen dieser Erdart sind mehlicht und trocken, doch kleben sie gern an den Fingern, wenn man mit ihr handthiert. Im Feuer zeigt sichs, daß sie kalchigter Natur sind. (...) Die Kreide dient hauptsächlich, sowohl eine Sache damit zufärben und zum Schreiben, als auch, die Säure zu vertreiben, und folglich das sauer gewordene Bier damit anzumachen, (....).«

(Aus: »D. Georg Heinrich Zinkens Allgemeines Oeconomisches Lexicon«. Fünfte Auflage. Leipzig, 1780.)

Junge Ostsee – uralte Kreide

Rügen, die Insel, rundherum umspült von der Ostsee. Noch vor rund 20.000 Jahren herrschte hier allerdings totale Eiszeit. Von unserer heutigen Ostsee keine Spur. Mächtige Gletscher auf riesigen Gebieten hatten unvorstellbar große Mengen Wasser gebunden. Der Wasserspiegel der Weltmeere war ernorm gesunken. Selbst die Nordsee lag weitgehend trocken. Vor etwa 12.000 Jahren ging die (vorerst?) letzte Eiszeit, die sogenannte Weichsel-Kaltzeit, in hiesiger Region zu Ende. Aber es dauerte noch Jahrtausende, bis auch weiter im Norden Gletscher abtauten und dadurch mehr und mehr Wasser freigesetzt wurde. Der Wasserspiegel der Weltmeere stieg wieder an. Vor ungefähr 8000 Jahren drang das Meer durch die Belte in das Ostseebecken. Die heutige Ostsee entstand. Man geht davon aus, daß der Wasserspiegelstand der Ostsee vor etwa 2000 Jahren das jetzige Niveau erreichte. Die Ostsee, die Rügen umgibt, ist also erst wenige Jahrtausende alt. Und damit erdgeschichtlich sehr jung.

Über dieses jugendliche Alter der Ostsee würden die Kreidefelsen nur lächeln - wenn sie es denn könnten. Die Ostsee, wenige Jahrtausende alt, was ist das schon?! Wir, die stolzen Kreidefelsen von Rügen, in einem Urmeer geboren, sind schließlich um die 67 Millionen Jahre alt.

Trotz des enormen Altersunterschieds: Kreideküste und Ostsee kommen gut miteinander aus, gehören zusammen. Gemeinsam scheinen sie zu fragen: Bitte schön, was wäre Rügen ohne uns?

Uralte Kreide - junge Ostsee

Der »Kleine Königsstuhl«

Der »Kleine Königsstuhl« ist eine hochaufragende Kreidewand. An der berühmten Kreidesteilküste am Ostufer von Jasmund, an der Stubnitz, ist der »Kleine Königsstuhl« allerdings nicht zu entdecken. Er befindet sich mitten im Land der großen Halbinsel Jasmund, präzise: bei Gummanz.

Diese leuchtendweiße Kreidesteilwand blieb stehen in einer vormaligen Kreideabbaugrube. Von 1855 bis 1932 wurde in Gummanz Kreide abgebaut. Danach wurde aber noch bis 1962 die Kreide aus dem benachbarten Räsiner Bruch im Gummanzer Kreidewerk aufbereitet.

In der restaurierten ehemaligen Werkhalle dieses einstigen Kreidewerks befindet sich das Kreidemuseum Gummanz, das einzige Kreidemuseum Europas. Die Geologie der Insel Rügen, die Fossilien der Rügener Kreide und die zweihundertjährige Tradition des Kreideabbaus auf der Insel sind hier erlebbar.

Die Kulisse des Außengeländes des Museums bildet der Gummanzer Kreidebruch, zu dem auch der »Kleine Königsstuhl« gehört. Im Außengelände werden Geräte und Vorrichtungen gezeigt, die früher beim Kreideabbau zum Einsatz kamen. Zum Beispiel: Loren, Rührwerk, Absatzbecken, Kreidebrecher und Trockenschuppen.

Der »Kleine Königsstuhl«

Blick in die aufgelassene Abbaugrube des vormaligen Kreidewerks Gummanz. Am Bildrand oben links das ehemalige Werkstattgebäude. Heute Kreidemuseum

Historischer Kreidebrecher für Trockenkreide vom ehemaligen Kreidebruch Quatzendorf. Die ca. 12 kg schweren Kreidebrocken aus dem Trockenschuppen, mit einer Feuchtigkeit von 3 bis 5 %, wurden im Kreidebrecher durch zwei gegenläufige Brechwalzen zerkleinert

Kap Arkona

Ein Aufenthalt auf Rügen ohne Besichtigungsausflug nach Kap Arkona – undenkbar. Kap Arkona muß sein.
Dafür gibt es insbesondere diese drei Gründe:

Erstens: Arkona, mit der bis zu 46 Meter aufragenden Steilküste, ist das imposanteste Kap Deutschlands. Keine andere Landspitze an deutschen Küsten ist so bekannt, so berühmt.

Zweitens: Arkona ist »große Geschichte«. Hier besiegten anno 1168 die Dänen die slawischen Ranen. Und führten das Christentum ein.

Drittens: Das Kap-Arkona-Leuchtturm-Duo.

Ein Ratschlag: Wer's einrichten kann, besucht Kap Arkona außerhalb der Hauptsaison. Es sei denn, man ist bekennender Anhänger praller Menschenansammlungen mit reichlich viel buntem Drumherum.

Küstenabschnitt bei Arkona

Die Leuchttürme auf Kap Arkona

Es ist ein dicht nebeneinander unter Denkmalschutz stehendes Leuchtturm-Duo. Der älteste Turm leuchtete seit 1828. Anfangs mit dem Licht von Rüböllampen, verstärkt durch Parabolspiegel. Die Stralsunder Kaufmannschaft hatte nach Ende der Schwedenzeit (1815) vom neuen Landesherrn, von Preußen, einen »vernünftigen« Leuchtturm erbeten. Denn das Kap, mitsamt davor befindlichen Untiefen, bildet für die Schiffahrt eine höchst gefährliche Ecke. Die erste Bauskizze für den Turm soll der berühmte Berliner Baumeister Karl Friedrich Schinkel geliefert haben. 1902 hatte dieser Schinkelturm ausgedient. Daneben entstand ein neuer, ein moderner Turm. Der sendet seither sein warnendes, richtungs weisendes Licht über See. Nur einen Leuchtturmwärter, wie anno einst, den gibt es auch hier schon lange nicht mehr.

Das Leuchtturm-Duo auf Arkona

Der sogenannte Schinkel-Turm von 1828

Der neue, alte Turm

Inzwischen ist er bereits 109 Jahre alt, der aktive Leuchtturm auf Arkona. Weil er direkt neben dem bereits 185 Jahre alten (ausgedienten) Turm steht, wird er trotz des mehr als hundertjährigen Alters zwecks Unterscheidung noch immer der neue Turm genannt. Beschrieben wird er wie folgt:

Sich nach oben verjüngender Backsteinturm auf achteckigem Granitsockel, mit zwei Umgängen und roter Laterne. Die Höhe des Leuchtfeuers (so der Fachbegriff, statt Leuchtturm) wird mit 75 Meter angegeben. Die Nenntragweite - sprich: so weit leuchtet das weiße Blitzlicht über See - beträgt 22 Seemeilen. Das sind 40,74 Kilometer.

Der neue, alte Leuchtturm auf Arkona

Das Heiligtum der Ranen

In der großen Burgwallanlage auf Arkona soll es gestanden haben, das bedeutendste Heiligtum der Ranen. Es war Swantevit, ihrem obersten Gott, geweiht. Dieses Götterbild, eine Holzskulptur, zeigte ein Menschenbild mit vier Köpfen. So jedenfalls hat es Saxo Grammaticus*) berichtet. Vergangenheit seit nunmehr 843 Jahren. Die Dänen, die 1168 die Slawenburg Arkona einnahmen, haben die Göttergestalt flugs vernichtet. Für sie war Swantevit ein heidnischer Gott. Der durfte neben dem nunmehr einzig erlaubten Glauben, dem Christentum, keinen Bestand haben.

Die beeindruckend große Burgwallanlage blieb in wesentlichen Teilen erhalten. Steilküstenabbrüche in Jahrhunderten verursachten allerdings erhebliche Verluste. Noch vor wenigen Jahren konnten Kap-Arkona-Besucher die Wallanlage besichtigen. Jetzt (Stand: Mai 2010) ist sie gesperrt. Zu dicht liegt das Gelände an der absturzgefährdeten Steilküste.

Vor dem mächtigen Wall steht neben dem Marine-Peilturm - den gibt es hier auch - eine moderne Holzschnitz-Statue. Sieht das Werk nicht aus wie vor 843 Jahren das gestürzte Götterbild von Swantevit?! Es scheint, der Gott der Ranen ist auch heute auf Arkona präsent. Dank der Arbeit von Künstlern unserer Zeit.

Sieht er nicht aus wie Swantevit?

*) Saxo Grammaticus, dänischer Geschichtsschreiber, soll um 1150 geboren, um 1220 gestorben sein. Wahrscheinlich ist, daß er als »Schreiber« des dänischen Erzbischofs und Feldherrn Absalon bei der Eroberung der Slawenburg Arkona im Jahr 1168 zugegen war.

Der alte und der neue Glaube

Als die Dänen 1168 Rügen eroberten, geschah das nicht, um dem Herrschaftsbereich des Danebrogs ein weiteres Stück Land hinzuzufügen. Jedenfalls: Nicht nur deshalb!
Die christlichen Dänen wollten den »heidnischen« Slawen den rechten Glauben bringen. Dafür sorgte schon Absalon. Der war einerseits dänischer Bischof und andererseits - und das wohl vor allem - treuer Kriegsmann und Heerführer seines Königs. Auf dem Højbro Plads in Kopenhagen steht der zum Denkmal gewordene Absalon hoch zu Pferde mit der Streitaxt in der Hand, nicht mit dem Bischofsstab. An der Eroberung und Christianisierung Rügens war Absalon führend beteiligt. Der besiegte Slawenfürst der Insel ließ sich taufen. Vermutlich entsprechend der Einsicht: Lieber einen neuen Glauben annehmen, als um Kopfeslänge gekürzt zu werden.

In Sachen Glaubensverbreitung machten die Dänen Tempo. Schon bald entstanden auf Rügen die ersten Kirchen. Wie jene in Altenkirchen, auf der nördlichen Halbinsel Wittow, die um 1200 gebaut wurde. Diesem Gotteshaus ist der typische Stil alter dänischer Dorfkirchen noch immer anzusehen - trotz mancher Veränderungen in folgenden Jahrhunderten.

Unklar ist, warum beim Bau der Kirche in die alte Außenmauer (heute im Choranbau) ein (Grab?-)Stein mit der Abbildung eines bärtigen Mannes mit Trinkhorn eingemauert wurde. Vermutlich handelt es sich um die Darstellung eines Priesters Swantevits, des höchsten Gottes des slawischen Ranen. Sollte mit dieser Einmauerung in der christlichen Kirche - auf Weisung der neuen, der dänischen Herrscher - der endgültige Sturz des heidnischen Gottes symbolisiert werden? Oder hielten es die Ranen - sicher ist sicher - noch heimlich sowohl mit dem alten als auch mit dem zwangsverordneten neuen Glauben? Und dafür war dann neben den neuen christlichen Symbolen ein Swantevit-Priesterstein allemal besser als gar keine sichtbare Erinnerung an die nun verbotenen Slawen-Götter.
In der Kirche zu Altenkirchen gehen Gedanken auf Reisen - zurück zu den Ranen und zu den dänischen Eroberern.

Die um 1200 erbaute Kirche zu Altenkirchen

Altefähr

Dieser Ortsname ist Programm: Altefähr. Im Ort wird erzählt, bereits vor mehr als 1500 Jahren seien an diesem Siedlungsplatz Schiffer ansässig gewesen, die mit Segel- und auch Ruderbooten Menschen und Güter von und nach dem Festland beförderten. Urkundlich belegt ist diese Zeitangabe wohl nicht, aber glaubhaft schon. Denn der Strelasund, der Rügen vom Festland trennt, ist auf Höhe Altefähr besonders schmal. Und damit ist Altefähr der ideale Fährplatz. Daß Menschen bereits vor 1500 Jahren hinüber und herüberschipperten, darf als sicher angenommen werden. Nachdem 1234 Stralsund mit dem lübischen Stadtrecht ausgestattet worden war, wird der Fährverkehr von und nach Altefähr deutlichen Aufschwung genommen haben.

Mit dem ersten, im Jahr 1856 in Dienst gestellten Fährdampfer ging die Zeit der Segelschiff-Fähren zu Ende. Nicht aber das den Einwohnern von Altefähr verbriefte Fährrecht. Den ersten Fährdampfer nannten die Einheimischen seiner breiten, platten Form wegen die »Flunder«. Das Schiff scheint störanfällig gewesen zu sein. Damals entstand in Volkes Rede dieser bis heute unvergessene plattdeutsche Spottvers:

»Von Stralsund, seggt he,
Nah Ollefähr, seggt he,
Geiht'n Damper, seggt he,
Hen und Her.
Von't oll Ding, seggt he,
Is groß Geschrei, seggt he,
Alle Oogenblick, seggt he,
Is' entzwei.«

Auch als Ende des 19. Jahrhunderts der Eisenbahnverkehr auf Rügen begann, blieb Altefähr Fährhafen. Jetzt für Trajektschiffe, die bis zu acht Eisenbahnwagen befördern konnten. Nach dem ersten Weltkrieg kam eine Autofähre hinzu. Alle alten Inselstraßen und auch die Eisenbahnstrecke nach Bergen, später bis Saßnitz, begannen in Altefähr.

Mit dem 1936 in Betrieb genommenen Rügendamm war die uralte Fährtradition von Altefähr beendet. Heute bedienen Ausflugsschiffe der »Weißen Flotte« auch die Strecke Altefähr-Stralsund. Ideal für Rügenurlauber, die schnell und bequem, ohne Auto, zwecks Tagesausflug die Altstadt von Stralsund erreichen wollen.

»Hol über!« hieß es früher, wenn der Fährmann kommen sollte. »Hol über« heißt das kleine Restaurant direkt am Hafen von Altefähr

Fischernetz und Schiffsmodelle sorgen im Restaurant für maritimes Flair

HOL ÜBER
RÜGEN

Groß Schoritz und Ernst Moritz Arndt

Seit 1767 gehörte das Gut Groß Schoritz zum Besitz der Herrschaft Putbus. Die Grafen, ab 1807 die Fürsten zu Putbus, konnten als vielbeschäftigte Leute die Bewirtschaftung des Gutes nicht selbst in die Hand nehmen. Und außerdem besaßen die Herren nicht nur Groß Schoritz, sondern eine beachtlich große Anzahl weiterer Güter. Deshalb wurden gräfliche/fürstliche Güter verpachtet oder von Verwaltern bewirtschaftet. Auch Groß Schoritz.

So kam es, daß dem Verwalter Ludwig Nicolaus Arndt und seiner Ehefrau in dem von der Familie bewohnten Herrenhaus am 26. Dezember 1769 Sohn Ernst Moritz geboren wurde. Jener Ernst Moritz Arndt, der als Schriftsteller und Publizist hohes Ansehen erwarb. Sein 1803 veröffentlichtes Werk »Versuch einer Geschichte der Leibeigenschaft in Pommern und Rügen« trug entscheidend bei zur Aufhebung der Leibeigenschaft ab 1806 im damals schwedischen Vorpommern.

Dank Ernst Moritz Arndt gelangte auch sein Geburtshaus, das Herrenhaus Groß Schoritz, zu einer gewissen Berühmtheit. Im Gebäude befindet sich eine kleine Arndt-Gedenkstätte.

Ernst Moritz Arndt nach einer Abbildung im »Heimats-Kalender für den Kreis Rügen«, Ausgabe 1908. Reprint 1993, herausgegeben von Rügen-Druck Putbus und dem Landratsamt Rügen

Herrenhaus Groß Schoritz

Kleine Stadt neben großem Wall

Ihre Hauptburg, die Tempelanlage auf Arkona, war von den Dänen eingenommen worden. Die Besatzung der slawischen Burg hinter dem mächtigen Rundwall zu Charenza (d.i. Garz) ergab sich daraufhin 1168 - vernünftigerweise - kampflos.

Die Burg Charenza hat die Zeiten nicht überstanden. Wohl aber die beeindruckend mächtige Wallanlage von rund 200 Metern Länge, 140 Metern Breite. Auf den baumbestandenen, zum Teil ziemlich steilen Wallhängen blühen im April großflächig Buschwindröschen. Ein schmaler Fußpfad auf der Wallkrone lädt zum Spaziergang.

Neben der Burg von Charenza entwickelte sich Garz. Der Ort war zeitweilig auch Residenz der slawischen Rügenfürsten, deren Geschlecht 1325 ausstarb. Garz gilt als die älteste Stadt Rügens. In einer Urkunde aus dem Jahr 1319 werden »Bürgermeister und Rathmänner der neuen Stadt Garz« erwähnt.

Trotz der langen Geschichte blieb Garz ein kleines und - außerhalb der Hauptsaison - beschauliches Landstädtchen. Kleine, einstöckige Häuschen, dicht an dicht aufgereiht, bilden ortstypische Straßenfronten. Laut »Informationsbroschüre Landkreis Rügen«, Ausgabe 2009, leben in Garz (Stand 31. März 2009) 2.438 Einwohner.

Wallhang der Burgwallanlage von Garz

Schmaler Fußpfad auf der Krone des Burgwalls

Das Stralsunder Stadtrecht »kam« aus Rügen

Die bis dahin »heidnischen« Ranen ließen sich nach ihrer Kapitulation im Juni 1168 auf Arkona umgehend christlich taufen. Und erhielten das Fürstentum Rügen von den siegreichen Dänen zum Lehen. Erster Lehnherr war Fürst Jaromar I. Das Fürstentum Rügen umfaßte neben der Insel auch Gebiete auf dem Festland. Zum Beispiel Land gegenüber dem Strelasund, dort, wo Stralsund entstand.

Der slawische Fürst Wizlaw I., Nachfolger von Jaromar, war es, der am 31. Oktober 1234 die Stadtrechtsurkunde für Stralsund ausstellte. Und zwar auf Rügen, in Charenza, wie das heutige Garz damals hieß.

Die Stadtrechtsurkunde ist in Latein geschrieben. Darin heißt es – deutsche Übersetzung – unter anderem:*)

»Wizlaw, von Gottes Gnaden Fürst der Rugianer (...). Wir wollen, daß allen, sowohl Gegenwärtigen als auch Zukünftigen, bekannt sei, daß wir unserer Stadt Stralow (d.i. Stralsund, Anm. Autor) *dieselbe Gerechtigkeit und Freiheit verliehen haben, welche der Stadt Rostock übertragen ist. Damit also dieses unser Versprechen und Vollzug von uns und unseren Erben in Zukunft fest und unverbrüchlich gehalten werde, bestätigen wir es fest durch gegenwärtiges Schreiben und durch Anhängen unseres Siegels. Gegeben zu Charenza im Jahr der Gnade 1234, am 31. Oktober.«*

*) Textauszüge übernommen aus »Geschichte der Stadt Stralsund«, 2. Auflage. Verlag Hermann Böhlaus Nachfolger. Weimar, 1985.

Beschauliches Garz

Bodden

Sie heißen zum Beispiel: Großer Jasmunder Bodden, Kleiner Jasmunder Bodden, Lebbiner Bodden, Breeger Bodden, Schaproder Bodden, Rügischer Bodden, Wieker Bodden, Breetzer Bodden, Kubitzer Bodden.
Bodden, lehrt der Duden*), ist eine norddeutsche Bezeichnung für Strandsee, (Ostsee-) Bucht. Bodden gleich Strandsee? Diese Bezeichnung gefiel befragten Rüganern ganz und gar nicht. Der Begriff Ostseebucht als Erklärung für Bodden wurde, zumeist zögerlich und unschlüssig, dann aber akzeptiert. Bodden sind eben keine typischen Strandseen und »gewöhnliche« Ostseebuchten auch nicht. Ein Rüganer in Breege brachte es auf den Punkt: *»Bodden sind Bodden - nichts sonst!«*

Versuch einer Deutung:
Bodden sind der freien See abgewandt, liegen in Lee von Nehrungen, Halbinseln, Inseln. Diese Buchten sind in aller Regel von Land ziemlich eingefaßt, können deshalb wie kleinere, größere oder auch ganz große Binnenseen wirken. Sie sind es aber nicht. Denn Bodden haben eine Verbindung, eine Öffnung - mal schmal, mal breiter - zum Meer. In diesen ganz »besonderen« Ostseebuchten gibt es vielfach wiederum kleine Halbinseln, Inseln, Verlandungszonen.
Boddenlandschaft, das ist Wasser und Land, ist Weite und hoher Himmel.
Landschaft zum Verlieben!

*) 24. Auflage, 2006. Dudenverlag Mannheim - Leipzig - Wien - Zürich.

Rügischer Bodden – Blick von der Südküste bei Neukamp (südlich von Putbus)

Vom Schilf zum Rohrdach

Schilf wächst in Verlandungszonen von Gewässern. Wie zum Beispiel am Großen Jasmunder Bodden. Geerntet, das heißt geschnitten und zu Bündeln gebunden, wird zur Winterzeit. Mit Schilfrohr werden Dächer gedeckt. Rohrdächer, wie man auf Rügen sagt.

Schilfbestände im Winterkleid am Großen Jasmunder Bodden

Geschnittenes, gebündeltes Schilfrohr

Rohrdachkate in Neuenkirchen (Nordrügen). Laut Inschrift aus dem Jahr 1798

Dieses Bohlwerk im Martinshafen stammt wohl noch aus der Zeit, als hier Kreide verschifft wurde. Inzwischen hat der »Zahn der Zeit« neue, interessante Formen geschaffen

Nicht nur Sportboote haben im Martinshafen ihren Liegeplatz, sondern auch dieses Saugbaggerschiff

Martinshafen

Als Industriegleis ist die »Alte Kreidebahn« noch in heutigen Landkarten vermerkt. Die Bahn ist Vergangenheit, der Flurname blieb. Diese ehemalige Schmalspur-Bahnstrecke führte von Sagard nach Neuhof am Großen Jasmunder Bodden. Transportiert wurde Kreide vom Kreidebruch bei Mönkendorf zwecks Verschiffung im Martinshafen. Der Kreidebruch, die Kreidebahn und der Martinshafen mit Hafenbecken und Mole entstanden in den Jahren nach 1899.

Nach dem Zweiten Weltkrieg und der Errichtung des neuen Kreidewerks in Klementelvitz verlagerte sich der Kreidetransport mehr und mehr auf die Straße. Der Martinshafen verlor an Bedeutung. Die Kreidebahn hatte »irgendwann« ausgedient. Wie es mit dem Martinshafen weiterging, ist im Internet nachzulesen*):
»Angel- und Sportbootfreunde entdeckten ihn dann für sich. Es entstanden unzählige Bootsschuppen. Martinshafen war gerade zu Zeiten der DDR ideal, weil er nicht an der offenen See (wo man mit Privatbooten nicht hindurfte) und trotzdem an einem relativ großen Gewässer, dem Großen Jasmunder Bodden, lag. (...) Auch heute noch sind die Liegeplätze sehr begehrt. (...) Zur Zeit gibt es etwa 130 Bootsliegeplätze für Segler und Angler.«

*) Internet-Ausdruck vom 12.07.2010. Dem Autor übermittelt vom Landkreis Rügen (Kreisarchiv) mit Schreiben vom 13.07.2010.

Im Internet: www.sagard-ruegen.de/martinshafen.html

Bergen – die Inselhauptstadt

Bergen, mit 14.123 Einwohnern - Stand 31. März 2009 - ist die nach Einwohnerzahl größte Stadt, auch größte Gemeinde Rügens. Und Kreisstadt, Sitz des Landratsamtes. Also: Inselhauptstadt. Entsprechend geschäftig geht es zu. Oben am Marktplatz »brummt« der Verkehr. »Oben« hat seine Richtigkeit. Denn zum Ortszentrum geht es von allen Seiten bergauf. Wie es der Stadtname verheißt: Bergen.

Aber die Stadt - mit Stadtrechten ausgestattet seit 1613 - hat auch ihre eher stillen, sozusagen besinnlichen Winkel. Zum Beispiel im stilvoll sanierten Klosterhofgelände. Die Gründung des Nonnenklosters erfolgte bereits 1193, die Umwandlung in ein »Fräuleinstift« im Jahr 1539. Die heutigen Stiftsgebäude wurden 1736 errichtet. Nur Stiftsdamen wohnen und leben hier nicht mehr.

Die Marienkirche ist ein bedeutendes Bauwerk norddeutscher Backsteinarchitektur. Mit prägenden Elementen aus spätromanischer und aus gotischer Zeit. Die umfangreichen, großartigen Wandmalereien beeindrucken jeden Besucher.

In Bergen sagt man es so: *»Unser heutiges Stadtbild ist geprägt durch Harmonie aus Historischem und Modernem.«* Das stimmt. Anders formuliert: Diese Kleinstadt hat Flair.

Das Gebäude des Landratsamtes in der Billrothstraße

Die sanierte Klostermauer. Oben eines der Stiftgebäude

Fürst, Slawenpriester oder Nonne

In der westlichen Außenwand der Marienkirche in Bergen ist eine Granitplatte mit dem – inzwischen stark verwitterten – Reliefbild einer stehenden Person eingesetzt.

»Es ist der Grabstein Fürst Jaromars I. (gest. 1217).« So jedenfalls ist es nachzulesen auf Seite 2 des Kunstführers Nr. 1917, 5. Auflage, 2006, »Marienkirche Bergen auf Rügen«, erschienen im Verlag Schnell & Steiner GmbH, Regensburg. (Das Heft wird in der Kirche verkauft.)

Anderer Meinung ist Jürgen Schulz. Er schreibt in »Dorf- und Stadtkirchen auf Rügen und Hiddensee« (Edition Temmen, 2002): *»Der (...) Grabstein stellt vermutlich einen slawischen Priester mit Methorn dar.«*

Heinz Lehmann vermutet in »Rügen von Arkona – Zudar« (Demmler Verlag, 1991): *»Mit diesem eingemauerten slawischen Grabstein sollte vermutlich der Swantevitglaube gebannt werden.«*

»Vielleicht«, überlegte gesprächsweise ein Einwohner der Stadt, *»handelt es sich um den Grabstein einer Nonne.«*

Das Nonnenkloster, gleich neben der Kirche, wurde 1193 gegründet.

Ob Fürst, Slawenpriester oder Nonne – dieses steinerne Abbild ist uralt. Und interessant-geheimnisvoll.

Der geheimnisvolle Stein in der Außenmauer der Marienkirche zu Bergen

Ehrenrettung für die Duwenbeek

Im touristischen Fokus steht sie natürlich nicht - die Duwenbeek. Gegen die Ostsee hat sie hinsichtlich Urlauber-Aufmerksamkeit keine Chance. Aber bitte: Die Duwenbeek ist mit 19 Kilometern Länge Rügens »längstes Fließgewässer«. »Fließgewässer« - so steht es in der »Informationsbroschüre Landkreis Rügen«, Ausgabe 2010. Die Bezeichnung Fluß wollte man wohl vermeiden. Und eigentlich ist die Duwenbeek auch eher ein Bach. Aber eben der längste der Insel. Deshalb: Ehrenrettung für die Duwenbeek.
Wo sie ihren Lauf beginnt, ist »landkartentechnisch« schwer auszumachen. Offenbar bei Parchtitz (nördlich von Bergen). Ab Thesenvitz ist der Verlauf eindeutig. Richtung Westen. Südlich von Boldevitz geht es in den Boldevitzer, dann in den direkt anschließenden Pansevitzer Wald. Von hier ab Kurs Norden. An Kluis vorbei, jetzt wieder nach Westen. Rund zwei Kilometer nördlich von Gingst mündet die Duwenbeek in die Koselower See, ein Boddengebiet östlich der Insel Ummanz.

Die Duwenbeek im Boldevitzer Wald - im zeitigen Frühjahr

Landschaftspflege dank Landwirtschaft

Rügen ohne Landwirtschaft - nicht auszudenken. Große Teile der Insel würden in wenigen Jahren zur Urbrache, zur Wildnis werden. Landwirtschaft ist mehr als »nur« die Produktion von Getreide und Kartoffeln, von Eiern und Fleisch. Landwirtschaft ist zugleich auch Landschaftspflege, ist Erhalt der ansehnlichen Kulturlandschaft. Auf Rügen praktiziert von weniger als 1000 Beschäftigten (zum Vergleich: Im Tourismus arbeiten rund 11.000 Personen). Rund 60.200 Hektar beträgt die landwirtschaftliche Nutzfläche. Ackerbau dominiert deutlich vor Tierhaltung. Auf mehr als einem Viertel der Gesamtfläche wird Winterweizen angebaut, gefolgt von Raps und Gerste.

P. L. Berckenmeyer schrieb 1746 in seinem Buch »Neu-vermehrter Curieuser Antiquarius«: *»Rügen (...) Die Insel wird die Korn-Scheuer von Pommern genennet.«*
Irgendwie stimmt das noch immer.

Im Mai: Rapsblüte vor der blauen Ostsee

Die Gutsherrschaften anno 1908

Rügen w a r die Insel der Güter und des Adels. Im »Heimats-Kalender für den Kreis Rügen«, Ausgabe 1908*), steht dieser Satz: *»Rügen ist derjenige Kreis in der Preußischen Monarchie, welcher die meisten (selbständigen) Gutsbezirke hat.«* Und dann sind sie aufgelistet, die insgesamt 227 (!) Güter, von A wie Altensien bis Z wie Zürkvitz. In der Rubrik »Name, Stand des Besitzers«, erscheint 57mal die Angabe »Fürstlich«. Das heißt, 57 der 227 Güter auf der Insel gehörten dem fürstlichen Haus zu Putbus. Auch ansonsten dominierten Adelige als Gutseigentümer. Zum Beispiel: Freiher von Langen-Plüggentin, Freiher von Bohlen, Graf Douglas, Kammerherr von Esbeck-Platen, Freiin von Maltzan zu Wartenberg und Penzlin, Fürst von Knyphausen, Frau von Usedom-Silenz, Rittmeister von Gagern, von Witzleben – und so weiter, und so fort. Die meisten Namen werden mehrfach genannt. Man besaß eben nicht nur ein Gut, sondern mehrere. Als eine bürgerliche Eigentümerin (für Gut Teetzitz) wird Frau Spalding aufgeführt. Aber der Eintrag ist ergänzt mit dem Hinweis »geborene von der Lancken«. Wenn schon nicht blaublütig verheiratet, so doch adelig geboren.

Auch geistliche Institutionen hatten sich beachtliche Anteile des fruchtbaren Bodens von Rügen gesichert. 1908 werden als Gutsbesitzer genannt: Kloster St. Jürgen am Strande in Stralsund (sechs Güter), Kloster St. Jürgen vor Rambin in Stralsund (zehn Güter), Kloster zum Heiligen Geist in Stralsund (vier Güter), Kloster St. Annen und Brigitten (zwölf Güter), Marienkirche Stralsund (ein Gut), Geistliche Kaland in Stralsund (ein Gut), Jacobikirche in Stralsund (ein Gut).

Immerhin: In den 73 Landgemeinden, die es anno 1908 auf Rügen neben den 227 Gutsbezirken auch gab, ist als Gemeindevorsteher kein Adeliger und auch kein Angehöriger des geistlichen Standes aufgeführt.

*) Unveränderter Nachdruck 1993. Herausgegeben von Rügen-Druck Putbus und dem Landratsamt Rügen.

Das wunderbar wiederhergerichtete Herrenhaus von Boldevitz. Eigentümer im Jahr 1908: Freiherr von der Lancken-Wakenitz.

Europäischer Dorferneuerungspreis für Gingst

Gingst in Westrügen. Ein Ort in der charmanten Größe zwischen kleiner Kleinstadt und großem Dorf. Offiziell kein Status als Stadt. Also Dorf. Bereits prämiert als *»Schönste ländliche Gemeinde auf Rügen«.*
Und Gingst traute sich. Meldete sich 2010 als Teilnehmerdorf zum Wettbewerb »Europäischer Dorferneuerungspreis«. 30 europäische Staaten und Regionen hatten je einen Teilnehmer nominiert. Die internationale Jury nahm Gingst gründlich »unter die Lupe«.

Und Gingst hatte Erfolg, wurde ausgezeichnet mit einem »Europäischen Dorferneuerungspreis für besondere Leistungen in einzelnen Bereichen der Dorfentwicklung«. Ein Zitat aus der offiziellen Jurybewertung:
»Gingst überzeugt mit großartigen Leistungen im Bereich einer umfassenden, qualitätsvollen und sensiblen Revitalisierung alter Gebäudestrukturen.«
Auf diesen Erfolg sind die Gingster stolz. Zu Recht! Tip für Rügenurlauber: Gingst gehört ins Besuchsprogramm.

Straßenpartie in Gingst

Die Weber von Gingst

1744 hob Präpositus*) Johann Gottlieb Picht in Gingst als erster auf Rügen die Leibeigenschaft für seine Bauern auf. Um den derart in Freiheit entlassenen Menschen ein ausreichendes Einkommen zu ermöglichen, gründete Picht ein »Weberamt« (= Innung, Anm. Autor). Die Weberei in Gingst florierte. Feinste Tischdecken aus Damast und Drell wurden gefertigt. Der schwedische König (zu jener Zeit Landesherr) erhielt ein wertvolles Gingster Tafeltuch, in dem Bildnisse einer Schafherde mitsamt Schäfer und Hund eingewirkt waren. Gingster Webwaren gingen auch in den Export, bis Nowgorod im Osten, bis London im Westen.
Heute ist die Weberei in Gingst Vergangenheit. Nachzuerleben im kleinen, liebevoll gestalteten, interessanten Gingster Handwerkermuseum. Nicht nur die Weber sind hier präsent, sondern auch weitere Handwerke mit den Arbeitsgeräten aus der Zeit unserer Groß- und Urgroßeltern. Im museal-stimmungsvollen Museumscafé gibt es hausgebackenen Kuchen. Das Buchantiquariat, räumlicher Bestandteil des Cafés, lädt ein zum gemütlichen Stöbern.

Eingang des Hauses Nr. 2 des Handwerkermuseums Gingst. Ursprünglich mittelalterliches Rauchhaus, wurde später auch in diesem Gebäude bis zum Anfang des 20. Jahrhunderts Weberei betrieben

*) Präpositus laut Duden Fremdwörterbuch, 4. Auflage: Bezeichnung für Vorgesetzter, Propst.

Historischer Webstuhl im Gingster Handwerkermuseum

Gräberfeld der Bronzezeit

Woorke ist ein slawischer Begriff. Auf deutsch: Hügelchen.
13 kleine Hügel prägen nahe der kleinen Siedlung Woorke, nördlich von Patzig, eindrucksvoll das Landschaftsbild. Es sind Grabstätten aus der Bronzezeit, ungefähr 1800 bis 600 v. Chr. Die baumbestandenen kreisrunden Hügel haben überwiegend einen Durchmesser von etwa 30 Meter, sind ca. sechs Meter hoch.

In Landkarten wird dieses Gräberfeld als »Woorker Berge« ausgewiesen. Berge sind diese Grabstätten aber nicht. Sondern Hügel. Oder wie die Slawen treffend formulierten: Hügelchen, Woorke eben.

Ein »Hügelchen« aus dem bronzezeitlichen Gräberfeld bei Woorke

Schloßherr

Graf Douglas! Wie uralter pommerscher Adel klingt der Name nicht. Ist er auch nicht.
Um 1900 war Graf Douglas dennoch einer der größten Grundherren auf Rügen. Ihm gehörten die Güter Ralswiek mit Augustenhof, Gnies und Hagen, Stedar mit Burnitz, Teschvitz mit Konitz und Wall, Pulitz, Buschwitz, Jarnitz und Sabitz. Auf der Anhöhe im Park von Ralswiek, mit herrlichem Blick auf den Großen Jasmunder Bodden, ließ der Graf ab 1893 ein stets Schloß genanntes Herrenhaus errichten. Im nachempfundenen deutschen Renaissancestil, wie Fachleute anmerken. Ein wenig erinnert es an eine Ritterburg – halb deutsch, halb schottisch.
Schottland war die Heimar der Douglas. Aus Glaubensgründen floh die Familie 1680 aus dem Land, kam nach Deutschland, ließ sich in Aschersleben nieder. Die Obrigkeit in Schottland nahm das übel und entadelte die Glaubensflüchtlinge. Deren Nachfahren wurden unter anderem Pfarrer und Bürgermeister von Aschersleben. Der spätere Bauherr von Schloß Ralswiek, Huge Sholto Douglas, machte mit Kali ein Riesenvermögen. Von 30 Millionen Mark war die Rede. Goldmark, versteht sich. 1888 – gut 200 Jahre nach der schottischen Entadelung seiner Familie – wurde er vom deutschen Kaiser in den Grafenstand erhoben.
Mit seinem Geld unterstützte Graf Douglas wissenschaftliche Forschung, rüstete eine Togo-Expedition aus, kaufte sich in großem Umfang auf Rügen ein. Und wurde Schloßherr. So wie seine Vorfahren einst in Schottland.
Schloß Ralswiek hat die Zeiten überstanden. Der Blick von hier auf das Wasser des Boddens ist so schön wie damals, als Graf Douglas bauen ließ. Heute wird das Gebäude als Schloßhotel genutzt.

Schloß Ralswiek

Am Focker Strom

Focker Strom heißt die schmale Meerenge, die die Insel Ummanz von der Halbinsel Lieschow auf Rügen trennt. Halbinsel hier, Insel dort sind durch eine 250 Meter lange Brücke über den Focker Strom verbunden. Der Blick von der Brücke im zeitigen Frühjahr: Das braune Schilf des Vorjahres, das dunkle Blau des Wassers und darüber ein lichtblauer hoher Himmel. Ein stilles Naturidyll.

Idyll am Focker Strom

Rügens »stille Schwester«

Unsere Insel Ummanz ist die »stille Schwester Rügens.« Sagen die Einwohner. Und davon gibt es hier nach Auskunft von Insulanern »deutlich weniger als 400«. Weil Ummanz*) 19,7 Quadratkilometer groß ist, bleibt reichlich Platz für schöne, abwechslungsreiche und wahrhaft stille Landschaft. Erst im Jahr 1901 wurde Ummanz mit einer 250 Meter langen Straßenbrücke mit der Hauptinsel, mit Rügen, verbunden. Bis dahin erreichte man die Insel nur per Boot. Damals war es auf Ummanz noch viel, viel stiller und einsamer.

*) Die Insel Ummanz nicht verwechseln mit der Gemeinde Ummanz. Die besteht aus der Halbinsel Lieschow auf Rügen und aus den Kleininseln Liebes, Urkevitz, Wührens, Mährens, Heuwiese sowie aus der Insel Ummanz.

Motiv auf Ummanz

Fischerboote am Kai der kleinen Ortschaft Waase

Fresenort besteht aus einer »Handvoll« Häusern am südlichen, entlegenen Ende von Ummanz

Odyssee eines Altars

Die kleine, gemütlich-liebenswerte Kirche in Waase auf Ummanz beherbergt einen Schatz: einen kulturhistorisch wertvollen gotischen Schnitzaltar aus der Zeit um 1520. Der Schrein des Altars zeigt geschnitzte Szenen aus der Passion Christi und aus dem Leben des Thomas Becket. Unter König Heinrich II. war Becket Lordkanzler von England und ab 1163 Erzbischof von Canterbury. Vor dem Altar seiner Kathedrale wurde er im Jahr 1170 ermordet. Im unteren Teil des Schnitzaltars sind sowohl die Einsetzung von Thomas Becket zum Erzbischof als auch seine Ermordung szenisch dargestellt.
Was, so fragt man sich, verbindet einen vormaligen englischen Erzbischof mit dem Fischerdorf Waase auf Ummanz? Und wie kam ein derart kostbarer Schnitzaltar in die kleine Dorfkirche? Die Geschichte ist folgende:
In seinem Heimatland wurde Becket nach seiner Heiligsprechung 1173 während einiger Jahrhunderte sehr verehrt. Der Auftrag zur Schaffung des Altars an die Werkstatt in Antwerpen soll aus England erfolgt sein. Doch dann haben die Engländer den Auftrag offenbar storniert. Becket war, wie man heute sagen würde, nicht mehr so richtig »in«.
Der fertiggestellte schöne Altar stand zum Verkauf. Stralsunder Kaufleute sollen ihn erworben haben. Vermutlich zum Schnäppchenpreis. Der Altar wurde anfangs in der Stralsunder Nikolaikirche, später in der Heiliggeistkirche aufgestellt. Die Überstellung an die Kirche in Waase soll 1708 erfolgt sein. Andere Quellen nennen 1618. Weshalb nach Waase auf Ummanz? Die Insel Ummanz gehörte den Stralsundern. Zitat*):
»1341 erwarb das der Stadt Stralsund unterstellte Heilig-Geist-Spital die Insel Ummanz und die kleine Insel Urkvitz für 2250 Mark Sundisch nebst Patronat und Fischereigerechtigkeit.«
Folglich, wenn man den Altar schon aus Stralsund herausschaffte, war Ummanz mit der einzigen Inselkirche in Waase naheliegend.
Nur, warum wollten die Stralsunder ihren wunderbaren Altar nicht mehr in der Stadt behalten? Genaues ist dazu nicht bekannt. Vielleicht gefiel ihnen der englische Heilige, der Thomas Becket, auf dem Altarschrein nicht mehr. Zumal man inzwischen evangelisch geworden war. Ganz ohne jeglichen Heiligenkult. Möglicherweise dachte man damals so: In der verkehrsfernen, schwachbesiedelten, kaum besuchten kleinen Insel Ummanz fällt Thomas Becket nicht weiter auf.

*) Zitat entnommen aus »Waase/Ummanz. St. Marien«. Herausgeber: Ev. Pfarramt St. Marien, Waase. PEDA-KUNSTFÜHRER Nr. 567/2005. Kunstverlag PEDA, Passau.

*Bildausschnitt vom Altar der Kirche zu Waase.
Motiv: Einsetzung Thomas Beckets als Bischof
von Canterbury im Jahr 1163*

Sommerabschied

Anfang September. Der Sommer geht in die letzten Runden. Die Getreideernte auf den riesigen Feldern ist beendet. Nur Strohballen, im Rollenformat, warten noch auf den Abtransport. Wie hier im weiten Land Nordrügens zwischen Neuendorf und Neuenkirchen.

Im weiten Land Nordrügens: Strohballen warten auf den Abtransport

Wiek

Manche für Rügen typischen Ostseebuchten sehen aus wie Bodden. Aber sie werden nicht Bodden genannt, sondern Wiek. Zum Beispiel im Bereich der Südküste: Wamper Wiek, Gustower Wiek, Glewitzer Wiek, Puddeminer Wiek, Schoritzer Wiek, Hagensche Wiek. Im Inselnorden gibt es unter anderem die Udarser Wiek und die Neuendorfer Wiek.
Östlich der Schmalen Heide beginnt die Prorer Wiek, östlich der Schaabe die Tromper Wiek. Prorer und Tromper Wiek sind weite, frei zur Ostsee gelegene Buchten. Und somit nicht den typischen Bodden ähnlich.
Übrigens: Auf Rügens nördlichster Halbinsel, auf Wittow, befindet sich die Ortschaft Wiek. Das zugehörige, dreiseitig von Land eingefaßte schmale Wasser heißt aber nicht Wieker Wiek, sondern Wieker Bodden.
Bodden oder Wieken - egal. Es sind stimmungsvolle Teile der Insel Rügen.

Blick auf die Neuendorfer Wiek

Seit mindestens 693 Jahren Kirchort: Neuenkirchen

Es gibt Kirchen, besser gesagt Kirchlein, die möchte man am liebsten einpacken und zu Hause im Garten wieder aufstellen. Die Neuenkirchener würden Veto einlegen. Sie wollen ihr idyllisch anmutendes Gotteshaus, auf dem höchsten Hügel im Dorf stehend, behalten. Die kleine Backsteinkirche von Neuenkirchen fügt sich wunderbar harmonisch ein in die hier verkehrsferne, stille, naturschöne Landschaft. Erstmals erwähnt wird das Dorf Neuenkirchen - damals Nygenkerke - in einer Urkunde aus dem Jahr 1318. Aus diesem Ortsnamen läßt sich folgern, schon zu jener Zeit, vor nunmehr 693 Jahren, stand hier eine Kirche.

Uraltes Weihwasserbecken am Eingang zur Kirche

Die Kirche von Neuenkirchen (Nordrügen)

Höchst notwendige Schlußbemerkung

Der Autor – ein Kieler – hat zwei Jahre lang immer wieder auf der Insel Rügen »Station gemacht«. Er hat notiert und fotografiert, was ihm typisch erschien für Land und Leute, heute und gestern. Dazu gehören, neben touristischen »Highlights«, auch die »kleinen Dinge« am Rande.

So hat sich ein informativ-unterhaltsames Kaleidoskop zusammengefügt über die interessante, lebens- und liebenswerte größte deutsche Insel.

Allerdings war Vollständigkeit weder möglich noch beabsichtigt. Exemplarisch, beispielhaft wird Rügen vorgestellt. In diesem Sinne bitten Autor und Verlag um Verständnis, wenn in diesem Buch (zwangsläufig) »etwas fehlt«.

Orts- und Sachregister

Vom selben Autor lieferbar:

Rügen

Dt., Engl., Schwed.
60 S., 60 Abb.
20 x 20 cm, gebunden

ISBN 978-3-8378-5006-2

8,90 €

Vielseitige Ansichten von Rügen in einem Porträt

»Rügen – Ein Porträt« bietet einen lebendigen und aktuellen Blick auf die Ostseeinsel. Werner Scharnweber hat zahlreiche Impressionen der Insel mit seiner Kamera eingefangen und daraus einen Bildband aus über fünfzig ausgewählten Farbfotografien zusammengestellt. Die ergänzenden Bildtexte sind dreisprachig: Deutsch, Englisch und Schwedisch. So eignet sich dieser Bildband hervorragend als Geschenk für Freunde daheim und in aller Welt.

Weitere Titel aus der Reihe der Stadt- und Landschaftsporträts:

Eiderstedt
Dt., Engl., Dän.
ISBN 978-3-8378-5002-4

Über die Porträts:

- 60 farbige Seiten
- Format 20 x 20 cm
- gebundene Ausgabe
- mehrsprachig
- 9,90 €

Flensburg
Dt., Engl., Dän.
ISBN 978-3-86108-943-8

Holsteinische Schweiz
Dt., Engl., Dän.
ISBN 978-3-8378-5004-8

Kiel
Dt., Engl., Span.
ISBN 978-3-86108-932-2

Aus der Reihe Reisebilder:

Mecklenburg-Vorpommern

224 S., 244 Abb.,
mit Schutzumschlag
ISBN 978-3-86108-463-1
9,90 €

Die schönsten Städte Schleswig-Holsteins

240 S., 269 Abb.,
mit Schutzumschlag
ISBN 978-3-8378-5009-3
19,90 €

Nordseeküste Schleswig-Holstein

256 S., 233 Abb.,
mit Schutzumschlag
ISBN 978-3-8378-5005-5
19,90 €

Kiel und Umgebung

210 S., 217 Abb.,
mit Schutzumschlag
ISBN 978-3-86108-481-5
19,90 €

Niedersachsen

296 S., 342 Abb.,
mit Schutzumschlag
ISBN 978-3-86108-953-7
19,90 €

Ostseeküste Schleswig-Holstein

von Lübeck bis Flensburg

256 S., 250 Abb.,
mit Schutzumschlag
ISBN 978-3-86108-967-4
19,90 €

Nord-Ostsee-Kanal/ Kiel Canal

Deutsch/Englisch
240 S., 177 Abb.,
mit Schutzumschlag
ISBN 978-3-8378-5003-1
19,90 €

Weitere Reisebilder von Werner Scharnweber:

Angeln, Flensburg und entlang der Flensburger Förde, Kreis Herzogtum Lauenburg, Kreis Ostholstein, Kreis Plön, Landkreis Rendsburg-Eckernförde, Schleswig-Holstein, Kreis Segeberg, Kreis Steinburg, Kreis Stormarn

Diese und weitere Titel finden sie auch unter www.edition-temmen.de

Kap Arkona
Bakenberg
Putgarten
Vitt
Wittow
Altenkirchen
Dranske
Wieker Bodden
Wiek
Juliusruh
Seebad Breege-Juliusruh
Breege
Tromper Wiek
Sperrgebiet
Breeger Bodden
Bug
Schaabe
Glowe
Ruschvitz
Lohme
Kloster
Vitte
Wittower Fähre
Breetzer Bodden
Lebbin
Lebbiner Bodden
Liddow
Schloss Spycker
Bobbin
Gummanz
Beuchel
Neuenkirchen
Großer Jasmunder Bodden
Quatzendorf
Neuendorf
Schaproder Bodden
Trent
Alte Kreidebahn
Neuhof
Martinshafen
Sagard
Klementelvitz
Schaprode
Neuendorfer Wiek
Neuendorf
Dobberworth
Hiddensee
Öhe
Udarser Wiek
Koselower See
Muttland
Hünengräberfeld Woorker Berge
Schloss Ralswiek
Ralswiek
Lietzow
Fährhafen Sassnitz
Silenz
Neu Mukran
Ummanz
Waase
Gingst
Kluis
Woorke
Patzig
Kleiner Jasmunder Bodden
Feuersteinfelder
Prorer Wiek
Urkevitz
Mährens
Liebes
Pansevitz
Pansevitzer Wald
Boldevitz
Duwenbeek
Thesenvitz
96
Freesenort
Stedar
Prora
Focker Strom
Lieschow
Gutshaus Boldevitz
Parchitz
Boldevitzer Wald
Nonnensee
Buschvitz
Pulitz
Schmale Heide
Heuwiese
Unrow
Bergen
196
196a
Kubitzer Bodden
Liebitz
Dreschwitz
Schmachter See
Ostseebad
»Rasender Roland«
Sehlen
Beuchow
Posewald
Seelvitz
Seram
96
Lancken-Granitz
Neuensien
Rügendamm
Rügenbrücke
Strelasund
Altefähr
Rambin
Samtens
Karnitz
Putbus
Vilmnitz
Lauterbach
Wreechen
Wreechensee
Neunendorf
Neukamp
Wampener Wiek
Garz
Vilm
F
Gustow
Poseritz
Puddemin
Groß Schoritz
Biosphärenreservat Südost-Rügen
Zickersche Berge
Stralsund
Drigge
Drigge
Gustower Wiek
Puddeminer Wiek
Rügischer Bodden
Glewitzer Wiek
Strelasund
Schoritzer Wiek
Ziegelgraben
Glewitz
Zudar
Dänholm
Stahlbrode
Glewitzer Fähre
96
Greifswalder Bodden